Kuchen backen

AUTORIN: ANNE-KATRIN WEBER | FOTOS: WOLFGANG SCHARDT

Praxistipps

4 Back-Grundwissen – Vom Vorratsschrank bis in den Ofen

6 Backformen-Einmaleins – So kommt jeder Teig in die passende Form

7 Hefeteig-Grundrezept – einfach, gelingsicher, variabel

64 Glasuren und Deko – im Nu das »gewisse Etwas« auf Ihrem Kuchen

Umschlagklappe hinten:

Und dazu: Internationale Kaffeespezialitäten

Was tun, wenn … – Hilfe bei kleinen Backpannen

Praktische Umrechnungstabellen: Löffelmaße und Gramm, Ober-/Unterhitze und Umlufttemperaturen

Extra

Umschlagklappe vorne:

Die 10 GU-Erfolgstipps – mit Gelinggarantie für erfolgreichen Backspaß

60 Register

62 Impressum

Rezepte

8 Rührteig-Kuchen

9 Rote-Grütze-Quark-Kuchen
11 Marmorkuchen
12 Himbeer-Schichttorte
14 Mandeltorte aus Capri
14 Schokolade-Satt-Kuchen
15 Zitronenkuchen
15 Polenta-Orangen-Kuchen
17 Schokoladen-Heidelbeer-Kuchen
17 Winterliches Früchtebrot
18 Streuselkuchen

20 Mürbeteig-Kuchen

21 Finkenwerder Apfelkuchen
23 Käsekuchen
25 Träubleskuchen
25 Rhabarberkuchen
26 Zitronentarte
27 Pinienkerntarte
27 Schokoladen-Nuss-Tarte
29 Erdbeer-Quark-Torte
30 Milchreiskuchen
30 Engadiner Nusstorte
33 Tarte tatin (französische Apfeltarte)

34 Kuchen aus Hefeteig

35 Kirsch-Marzipan-Wähe
37 Mohnroulade
38 Zwetschgendatschi
38 Kärntner Buchteln
40 Butterkuchen
41 Knusperkuchen
41 Müslikuchen
42 Aprikosenwähe
45 Gugelhupf
45 Savarin mit Beeren
46 Panettone

48 Kuchen aus Blitzteigen

49 Italienische Apfeltarte (Tarta di mele)
51 Kirschstrudel
52 American Cheesecake
52 Mandelkuchen
53 Crème-fraîche-Kuchen
53 Orangen-Knusper-Kuchen
54 Kirsch-Schmand-Kuchen
57 Knusprige Birnentarte
57 Pflaumen-Mohn-Wähe
58 Apfelstrudel

Mehl und Grundvorrat

Nüsse, Kerne, Samen

Das gibt Süße

Wer will guten Kuchen backen, der muss haben sieben Sachen …

Mehl und Grundvorrat Ob es nun immer genau sieben Zutaten sind, die einen guten Kuchen ausmachen, sei dahingestellt. Die folgenden sollten Sie fürs Backen jedenfalls im Vorrat haben: Mehl, Zucker, Salz, Backpulver und evtl. Trockenhefe, im Kühlschrank Butter, Milch und Eier.

Für feine Kuchen eignet sich am besten helles Weizenmehl der Type 405 oder 550. Typenzahlen sind das Maß für den Gehalt an Mineralstoffen und hängen zusammen mit dem Gehalt an Kornrandschichten im Mehl. Je höher die Typenzahl, desto dunkler und mineralstoffreicher das Mehl. Weizenmehl gibt es von Type 405 bis 1050. Vollkornmehle aber tragen grundsätzlich keine Typenzahl. Wenn Sie gerne mit Vollkornmehl backen, nehmen Sie in jedem Fall sehr fein gemahlenes, sonst wird der Teig grob und brüchig. Bei Vollkornrühr- und Hefeteigen erhöhen Sie die im Rezept angegebenen Flüssigkeitsmenge um 1–4 EL, da die Schalenanteile stärker quellen. Übrigens kann man auch sehr gut mit Dinkel backen. Er ist eng mit dem Weizen verwandt – das Mehl kann daher einfach 1:1 ersetzt werden.

Nüsse, Kerne, Samen Nehmen Sie in Ihren Vorrat am besten ganze Nüsse und Mandeln, denn die halten länger als zerkleinerte oder gemahlene. Doch horten Sie keine zu großen Mengen der fettreichen Köstlichkeiten, weil auch diese bei längerer Lagerung ranzig werden.

Haselnüsse bekommen übrigens ein herrliches Aroma, wenn Sie sie auf ein Backblech legen und bei 200° im Ofen 8–10 Min. rösten. Anschließend geben Sie die Nüsse auf ein Küchentuch, lassen sie etwas abkühlen und reiben dann die braunen Häutchen mit Hilfe des Tuches ganz einfach ab.

Wenn Sie gehäutete Mandeln benötigen, übergießen Sie die von der papierartigen hellbraunen Haut fest umschlossenen Kerne mit kochendem Wasser und lassen sie kurz stehen. Schrecken Sie dann die Mandeln kalt ab, und drücken Sie die Kerne aus den Häutchen.

Auch Walnüsse sind zum Backen bestens geeignet und inzwischen das ganze Jahr erhältlich – überwiegend aus Kalifornien. Herrlich herbnussig schmecken die Samen der Pinie, der in den Mittelmeerländern heimischen Kiefernart. Das volle Aroma von Mohn erschließt sich erst durch Mahlen und Aufkochen. Wenn Sie die winzigen blauen Samen selbst mahlen möchten, verwenden Sie z. B. eine elektrische Kaffeemühle.

Das gibt Süße Zum Backen am besten geeignet ist der neutrale »weiße« Zucker, dessen feine Zuckerkristalle schnell aufgelöst sind. Brauner Zucker oder Rohrzucker bringt ein karamellartiges Eigenaroma mit. Auch alternative Süßungsmittel wie Honig, Ahornsirup oder Agavendicksaft mit ihrem jeweiligen charakteristischen Eigengeschmack sind gut zum Backen geeignet. In Hefe- und Rührteigen können Sie die Zuckerarten einfach austauschen, für zarten Mürbeteig ist jedoch Kristallzucker vorzuziehen. Für Cremes wird häufig Puderzucker verwendet, da er sich im Nu mit den übrigen Cremezutaten verbindet.

Die Teig-Typen Allen Kuchen ist der leckere Duft eigen, der schon beim Backen aus dem Ofen dringt, und der unvergleichliche Geschmack von Selbstgebackenem. Doch jeder Teig ist anders und mag's anders: Neulinge in der Backstube beginnen am besten mit den einfachen Rührkuchen. Hierfür sollten die Zutaten (Butter, Eier) zimmerwarm sein, damit sie sich gut miteinander verbinden. Aus demselben Grund müssen sie auch ausdauernd gerührt werden. Benutzen Sie daher am besten eine Küchenmaschine oder ein Handrührgerät. Der knusprig-zarte Mürbeteig braucht im Gegensatz zum Rührkuchen kühlschrankkalte Butter, die in kleine Flöckchen geschnitten rasch unter die übrigen Zutaten geknetet wird. Gönnen Sie dem Teig daraufhin noch ca. 30 Min. Ruhe im Kühlschrank, dann lässt er sich ganz einfach ausrollen, ohne zu reißen oder zu kleben.

Hefeteige brauchen einfach nur Zeit und Wärme, dann kann nichts schief gehen. Halten Sie sich an das Grundrezept auf Seite 7. Schützen Sie den Teig beim Aufgehen vor Zugluft, indem Sie die Schüssel mit einem Tuch abdecken. Danach kann der Teig nach Belieben geknetet, geformt oder auch gleich gebacken werden.

Vor dem Backen, während des Backens Bei den meisten Kuchen genügt es, die Backform mit weicher Butter oder Margarine gut einzufetten. Öl geht auch, haftet aber nicht so gut an den Wänden an. Bei sehr zuckerhaltigen (und damit klebrigen) Teigen legen Sie die Backform mit Backpapier aus und fetten den Rand mit Hilfe eines Backpinsels. Gerippte Formen wie Gugelhupf- oder Kranzformen fetten Sie relativ großzügig und streuen sie zusätzlich mit Mehl oder Semmelbröseln aus (überschüssiges Mehl oder Brösel durch Klopfen auf die Form und Umdrehen entfernen). Dann kommt auch der empfindlichste Kuchen sicher aus der Form heraus. Manche Kuchen sollten kurz vor Ende der Backzeit mit Backpapier oder Alufolie abgedeckt werden, da sie sonst oben zu schnell bräunen. Während des Backens einfach zwischendurch mal in den Backofen schauen, so kann nichts schief gehen!

So kommt jeder Teig in die passende Form

Alle Formen gibt es aus Weiß- oder Schwarzblech, mit und ohne Beschichtung. Aus den neuen flexiblen Silikonbackformen geht jeder Kuchen spielend leicht heraus.

Obstkuchen-, Tarte-, Pieform

Gugelhupfform und Kranzform

Springform und Kastenform

Obstkuchen-, Tarte-, Pieform Die Formen mit glattem oder gewelltem, geradem oder schrägem Rand gibt es von 20–35 cm ∅. Ideal: ein herausnehmbarer Boden, so kommen auch fragile Kuchen garantiert vollständig auf der Kuchenplatte an.

Gugelhupfform und Kranzform Beide haben einen Kamin in der Mitte, damit die Teige gleichmäßig aufgehen und backen können. In der Gugelhupfform wird überwiegend der gleichnamige Kuchen gebacken. Kranzformen sind ideal für Rühr- und Sandkuchen. Eine glatte Kranzform wird typischerweise für einen Savarin benutzt.

Springform und Kastenform Springformen gibt es in den Größen 20–32 cm ∅. Typisch ist der gerade und abnehmbare Rand. Kastenformen werden in verschiedenen Längen von 20–30 cm und als variabel einstellbare Ausziehform angeboten. Eine gängige Länge ist 30 cm.

Hefeteig

Der hier geht garantiert wunderbar auf! Dieses Rezept reicht für ein großes Backblech oder eine große Gugelhupfform, die Hälfte davon für eine Spring- oder Obstkuchenform.

500 g Mehl
1 Würfel Hefe (42 g)
250 ml Milch | 75 g Zucker
1 Ei | 75 g weiche Butter
1 Prise Salz

1 Für den Teig das Mehl in eine Schüssel geben, in die Mitte eine Mulde drücken. Hefe hineinbröckeln, mit 6 EL lauwarmer Milch, 1 TL Zucker und etwas Mehl vom Rand verrühren.

2 Den Vorteig mit einem Küchentuch abdecken, an einem warmen Ort 15 Min. gehen lassen (z. B. auf der Heizung, im auf 50° aufgeheizten, wieder ausgeschalteten Backofen, in einem warmen Raum). Der Vorteig sollte etwa die doppelte Größe wie zu Beginn und reichlich Luftblasen entwickelt haben.

2 Restliche lauwarme Milch, übrigen Zucker, das Ei, Butter in Flöckchen und Salz zum Vorteig geben. Alles erst mit den Knethaken des Handrührers, dann mit den Händen zu einem glatten Teig verkneten. Kräftig kneten, bis der Teig Blasen wirft, sich seidig anfühlt und sich vom Schüsselrand löst.

3 Teig weitere 30–40 Min. an einem warmen Ort abgedeckt bis zur doppelten Größe gehen lassen.

VARIANTEN

Mengen von Milch, Zucker, Ei und Butter sind bei Hefeteigen variabel. Fettreiche Teige brauchen jedoch länger zum Aufgehen als fettarme Teige. Achten Sie auch darauf, dass Sie Salz oder Fett nicht direkt auf die Hefe geben, sie behindern das Wachstum der Hefezellen.

TIPP – HEFE AUS DEM VORRAT

Sie können den Teig auch mit Trockenhefe zubereiten. 1 Päckchen entspricht 1 Würfel frischer Hefe. Trockenhefe eignet sich gut für den Vorrat, sie ist ca. 18 Monate haltbar. Frische Hefe hält gekühlt nur einige Tage.

Rührteig-Kuchen

Sie lieben locker-leichten Käsekuchen? Dann sind Sie hier genau richtig: Dieser Käsekuchen kommt ohne Boden aus und trägt einen sommerlich-fruchtigen Belag, der auch im Winter mit TK-Beeren ausgezeichnet schmeckt.

Klassiker

Marmorkuchen

Seit Großmutters Zeiten ein Evergreen auf dem Kuchenteller. Doch selten war ein Marmorkuchen so saftig wie dieser hier.

300 g weiche Butter
200 g Puderzucker
1 TL abgeriebene Bio-Orangenschale
6 Eier
2 EL Rum (nach Belieben)
1 Prise Salz
200 g Mehl
100 g Speisestärke
2 TL Backpulver
2 gestrichene EL Kakao
5 EL Milch
Fett und Semmelbrösel für die Form

Für 1 Kranzform von 2 l Inhalt (16 Stück)
40 Min. Zubereitung | 55 Min. Backen
Pro Stück ca. 290 kcal, 4 g EW, 18 g F, 27 g KH

1 Die Form einfetten und mit Semmelbröseln ausstreuen. Backofen auf 200° vorheizen.

2 Butter, Puderzucker und Orangenschale weißschaumig rühren. Die Eier trennen. Ein Eigelb nach dem anderen und nach Belieben den Rum gründlich unterrühren.

3 Eiweiße und Salz steif schlagen und auf die Eigelbcreme geben. Mehl, Speisestärke und Backpulver mischen, auf den Eischnee sieben. Alles locker miteinander vermengen.

4 Ein Drittel des Teigs umfüllen. Kakao mit der Milch glatt rühren und darunter rühren. Zuerst die Hälfte des hellen Teigs, danach den dunklen und zuletzt den Rest hellen Teig in die Form geben. Eine Gabel in kreisförmigen, unterhebenden Bewegungen durch die drei Schichten ziehen, so dass das typische Marmormuster entsteht.

5 Den Kuchen 45–55 Min. im Ofen (Mitte, Umluft 180°) backen. In der Form 20 Min. abkühlen lassen, dann aus der Form stürzen und auskühlen lassen.

NUSSIGE VARIANTE

Mischen Sie 100 g gehackte Walnusskerne unter den dunklen Teig.

FRISCHETIPP

Überziehen Sie den Kuchen mit einer Schokoglasur (s. S. 64), dann bleibt er noch länger saftig.

TIPP – MARMORIERTER GUSS

100 g Bitterkuvertüre und 50 g weiße Kuvertüre jeweils getrennt im Wasserbad schmelzen. Die flüssige Bitterkuvertüre mit einem Esslöffel auf dem Kuchen verteilen. Weiße Kuvertüre in eine Spritztüte oder in einen kleinen Tiefkühlbeutel füllen, eine Ecke des Beutels abschneiden (s. S. 64). Helle Schlieren über die noch feuchte dunkle Kuvertüre spritzen. Vor dem Anschneiden den Guss ganz trocknen lassen.

macht was her | für Gäste

Himbeer-Schichttorte

Diese herrlich sahnige Torte ist die Krönung jeder Kaffeetafel! Und lässt sich ganz entspannt vorbereiten, denn die Tortenböden können Sie bereits am Vortag backen.

Für die Tortenböden
350 g Butter | 350 g Zucker
350 g Mehl | 2 TL Backpulver
6 Eier | Fett für die Formen
Für die Füllung
250 g Mascarpone
75 g Zucker | 1–2 EL Zitronensaft
400 g Sahne
400 g Himbeeren

Für 2 Springformen von 26 cm Ø (12 Stück)
40 Min. Zubereitung | 60 Min. Backen
2 Std. Kühlen
Pro Stück ca. 710 kcal, 9 g EW, 48 g F, 60 g KH

1 Backofen auf 200° vorheizen. Für die Tortenböden Butter und Zucker gut schaumig schlagen. Mehl und Backpulver mischen. Abwechselnd portionsweise die Mehlmischung und ein Ei nach dem anderen unter die Butter-Zucker-Creme rühren.

2 Teig in fünf Portionen teilen. Springformen am Boden einfetten, in einer der Formen eine Teigportion verstreichen. Im Ofen (Mitte, Umluft 180°) 10–12 Min. backen. Inzwischen die zweite Teigportion in der zweiten Form verstreichen.

3 Den fertig gebackenen ersten Tortenboden aus dem Ofen nehmen, den Teig in der zweiten Form genauso backen. Ersten Tortenboden noch heiß aus der Form lösen. Die Form abkühlen lassen, dann die dritte Teigportion darin verstreichen. Auf diese Weise, abwechselnd in den zwei Springformen, fünf Tortenböden backen, auskühlen lassen.

4 Für die Füllung Mascarpone mit Zucker und Zitronensaft glatt rühren. Die Sahne sehr steif schlagen und portionsweise locker unter die Mascarponecreme heben.

5 Himbeeren verlesen, eventuell abspülen und trockentupfen. Die Tortenböden jeweils mit Mascarponecreme bestreichen und mit Himbeeren belegen, dann aufeinander setzen. Vor dem Anschneiden im Kühlschrank 1–2 Std. durchziehen lassen.

GUT ZU WISSEN

Zum Schlagen immer frische Sahne, keine H-Sahne verwenden! Sahne gekühlt und idealerweise in einer Metallschüssel aufschlagen. In der heißen Jahreszeit am besten auch Schüssel und die Rührbesen vorkühlen.

WERKZEUG-TIPP

Am besten schneiden Sie die weiche, luftige Torte mit einem sehr scharfen Messer oder mit einem Elektromesser in Portionsstücke.

VARIANTE – MIT SAHNEFÜLLUNG

Jeden Tortenboden mit 2 gehäuften EL roter Konfitüre (Kirsch-, Himbeer- oder Ihre Lieblingskonfitüre) bestreichen. 500 g Sahne mit 2 EL Zucker, 1 Päckchen Sahnesteif und 1 Päckchen Vanillezucker sehr steif schlagen, in einen Spritzbeutel mit gezackter Tülle füllen und kreisförmig auf die Tortenböden spritzen. Böden aufeinander setzen, leicht andrücken.

schnell | gelingt leicht

Mandeltorte aus Capri

200 g Bitterschokolade (70 % Kakaomasse) | 200 g weiche Butter | 200 g Zucker | 5 Eier | 300 g gemahlene Mandeln | Fett für die Form | Puderzucker zum Bestäuben

Für 1 Tarte- oder Springform von 26 cm Ø
(12 Stück)
25 Min. Zubereitung | 30 Min. Backen
Pro Stück ca. 455 kcal, 9 g EW, 35 g F, 27 g KH

1 Schokolade reiben. Die Form einfetten. Backofen auf 180° vorheizen. Butter und Zucker schaumig rühren. Eier trennen. Ein Eigelb nach dem anderen unter die Butter-Zucker-Creme rühren. Mandeln und Schokolade unterrühren.

2 Eiweiße steif schlagen und unterheben. Teig in die Form füllen, Form mit Alufolie abdecken. Im Ofen (Mitte, Umluft 160°) 30 Min. backen. Den Kuchen abgekühlt mit Puderzucker bestäuben.

für Gourmets

Schokolade-Satt-Kuchen

200 g Bitterschokolade (70 % Kakaomasse) | 200 g Butter | 250 g Zucker | 5 Eier | 2 gestrichene EL Mehl | Fett für die Form

Für 1 Tarte- oder Springform von 26 cm Ø
(12 Stück)
25 Min. Zubereitung | 25 Min. Backen
Pro Stück ca. 335 kcal, 4 g EW, 21 g F, 31 g KH

1 Die Form einfetten. Backofen auf 180° vorheizen. Schokolade zerbröckeln und mit der Butter im heißen Wasserbad schmelzen.

2 Zucker dazugeben und die Mischung etwas abkühlen lassen. Ein Ei nach dem anderen unterrühren. Zuletzt das Mehl unterrühren.

3 Teig in die Form füllen. Im Ofen (Mitte, Umluft 160°) ca. 25 Min. backen. Der Kuchen sollte in der Mitte noch richtig weich sein. Vor dem Anschneiden abkühlen lassen.

Klassiker | schnell

Zitronenkuchen

250 g weiche Butter | 250 g Zucker | 5 Eier | 1 TL abgeriebene Schale einer Bio-Zitrone | 250 g Mehl | 2 TL Backpulver | Fett für die Form | 100 ml frisch gepresster Zitronensaft und 100 g Puderzucker zum Tränken

Für 1 Kastenform von 30 cm Länge (18 Stück)
30 Min. Zubereitung | 60 Min. Backen
Pro Stück ca. 255 kcal, 3 g EW, 13 g F, 30 g KH

1 Die Form einfetten. Ofen auf 180° vorheizen. Butter und Zucker schaumig rühren. Eier nacheinander gründlich unterrühren, die Zitronenschale dazugeben. Mehl und Backpulver mischen, unterrühren. Den Teig in die Form füllen, glatt streichen. Im Ofen (Mitte, Umluft 160°) ca. 60 Min. backen, kurz abkühlen lassen.

2 Den Kuchen aus der Form stürzen. Zitronensaft und Puderzucker verrühren. Kuchen mit einem Holzstäbchen mehrmals einstechen und mit der Zitronensaft-Mischung beträufeln.

mediterran

Polenta-Orangen-Kuchen

6 Eier, getrennt | 200 g Zucker | 175 g feiner Maisgrieß (Polenta) | abgeriebene Schale und Saft einer Bio-Orange | 250 g Orangenmarmelade | 2 EL Orangenlikör oder -saft | Fett und Maisgrieß für die Form | Puderzucker zum Bestreuen

Für 1 Springform von 26 cm Ø (12 Stück)
25 Min. Zubereitung (ohne Auskühlen)
45 Min. Backen
Pro Stück ca. 150 kcal, 5 g EW, 3 g F, 25 g KH

1 Die Form einfetten, mit Grieß ausstreuen. Ofen auf 175° vorheizen. Eigelbe mit Zucker schaumig schlagen. Eiweiße steif schlagen. Mit Grieß, Zitrusschale und -saft unter die Eigelbcreme ziehen. Teig in die Form füllen, glatt streichen. Im Ofen (Mitte, Umluft 160°) 45 Min. backen, auskühlen lassen.

2 Den Kuchen waagerecht durchschneiden. Marmelade mit Likör oder Saft glatt rühren, auf den unteren Boden streichen. Zweiten Boden auflegen. Den Kuchen dick mit Puderzucker bestreuen.

heller Schokoladentraum

Schokoladen-Heidelbeer-Kuchen

200 g weiße Kuvertüre
5 Eier | 125 g weiche Butter
200 g Puderzucker
200 g abgezogene gemahlene Mandeln
2 EL Mehl | 250 g Heidelbeeren
Puderzucker zum Bestreuen

Für 1 Springform von 26 cm Ø (12 Stück)
35 Min. Zubereitung | 45 Min. Backen
Pro Stück ca. 355 kcal, 8 g EW, 23 g F, 31 g KH

1 Kuvertüre zerbröckeln, im heißen Wasserbad schmelzen und etwas abkühlen lassen. Form mit Backpapier auslegen. Ofen auf 175° vorheizen.

2 Eier trennen. Butter, Puderzucker und Eigelbe schaumig rühren. Mandeln, Mehl und flüssige Kuvertüre unterrühren. Eiweiße zu steifem Schnee schlagen und unterheben.

3 Teig in die Form füllen und glatt streichen. Zwei Drittel der Heidelbeeren darauf verteilen. Im Ofen (Mitte, Umluft 160°) 30 Min. backen.

4 Übrige Heidelbeeren auf den Kuchen geben und diesen weitere 10–15 Min. backen. Herausnehmen und abkühlen lassen. Mit Puderzucker bestreuen.

AUSTAUSCH-TIPP

Statt frischer Beeren können Sie auch tiefgekühlte verwenden, die Sie gefroren auf den Teig geben. Dann den Teig mit 1 EL mehr Mehl zubereiten und die Backzeit um 5 Min. verlängern.

für die Adventszeit

Winterliches Früchtebrot

150 g Mandeln
je 100 g getrocknete Feigen, Aprikosen, Datteln
150 g Rosinen | 100 g Orangeat
250 g Mehl | 125 g weiche Butter
125 g brauner Zucker | 4 Eier
1 TL abgeriebene Bio-Orangenschale
1 TL Zimtpulver | 3 TL Backpulver | 3 EL Milch

Für 1 Kastenform von 30 cm Länge (16 Stück)
40 Min. Zubereitung | 1 Std. 15 Min. Backen
Pro Stück ca. 370 kcal, 8 g EW, 14 g F, 54 g KH

1 16 Mandeln für die Verzierung beiseite stellen. Die übrigen ebenso wie Feigen, Aprikosen und Datteln hacken. Mit Rosinen, Orangeat und 2 EL Mehl in einer Schüssel mischen. Die Form mit Backpapier auslegen. Backofen auf 180° vorheizen.

2 Butter und Zucker schaumig rühren. Ein Ei nach dem anderen gründlich unterrühren, Orangenschale und Zimt untermischen. Restliches Mehl und Backpulver mischen, dazusieben. Die Milch dazugeben und alles kurz unterrühren.

3 Die Früchte-Mandel-Mischung unterrühren. Teig in die Form füllen, glatt streichen. Beiseite gestellte Mandeln dekorativ auf der Oberfläche verteilen.

4 Den Teig im Ofen (Mitte, Umluft 160°) ca. 1 Std. 15 Min. backen. Zwischendurch mit Backpapier abdecken. Fertig gebackenen Kuchen aus dem Ofen nehmen, 10 Min. abkühlen lassen, aus der Form nehmen und auskühlen lassen.

links: Winterliches Früchtebrot | rechts: Schokoladen-Heidelbeer-Kuchen

gelingt leicht

Streuselkuchen

Genießen Sie ihn mit sommersüßen Beeren oder herbstsaftigen Zwetschgen – der Kuchen mit den köstlichen Krümeln obenauf ist immer ein Genuss.

Für den Teig
250 g weiche Butter
225 g Zucker
4 Eier
250 g Mehl
2 gestrichene TL Backpulver
1 Prise Salz
Fett für das Backblech
Für den Belag
200 g Butter
250 g Mehl
150 g Zucker
1 TL Zimtpulver
1 kg Früchte nach Wahl (siehe Tipp)

Für 1 Backblech (16 Stück)
45 Min. Zubereitung | 40 Min. Backen
Pro Stück ca. 465 kcal, 5 g EW, 26 g F, 53 g KH

1 Backofen auf 200° vorheizen. Das Backblech einfetten.

2 Für den Teig Butter und Zucker schaumig schlagen, bis sich der Zucker gelöst hat. Ein Ei nach dem anderen gründlich unterrühren. Mehl, Backpulver und Salz mischen und unterrühren. Teig auf dem Backblech ausstreichen.

3 Für die Streusel die Butter schmelzen. Mit Mehl, Zucker und Zimt in einer Schüssel mischen und mit den Händen zu Streuseln verkrümeln.

4 Früchte vorbereiten (je nach Sorte waschen bzw. schälen, dann putzen und klein schneiden), auf den Teig geben. Streusel darauf verteilen. Den Kuchen im Ofen (Mitte, Umluft 180°) in 35–40 Min. goldgelb backen.

FRISCHFRUCHTIGE TIPPS

Dieser fruchtige Krümel-Kuchen ist ein echter Allrounder! Im Frühling schmeckt er mit Rhabarber, im Sommer mit Beeren, Kirschen oder Pfirsichen, im Herbst mit Äpfeln, Birnen und Zwetschgen. Natürlich können Sie auch einen Belag aus bunt gemischten Früchten zubereiten – ganz nach Geschmack.
Frische Pfirsiche sind nicht mehr zu bekommen, und auch die Zwetschgenzeit ist längst vorbeit? Kein Problem! Greifen Sie beispielsweise zu Beeren aus dem Tiefkühler. Auch Pfirsich- oder Aprikosenkonserven stellen eine gute Alternative zu frischen Sommerfrüchten dar. Oder Sie bereiten eine Obstmischung mit getrockneten Früchten zu. Viele Sorten gibt es mittlerweile auch als »Soft«-Früchte zu kaufen, so dass Sie damit saftige Füllungen zaubern können. Orangeat und Zitronat, die kandierten Schalen von Orangen und Zitronen sind aromatische Zugaben für winterliche Obstbeläge. Die süßaromatischen Schalen gibt es im Supermarkt bereits fertig gewürfelt, im Feinkost- oder Bioladen als ganze kandierte Schalenstücke.

Mürbeteig-Kuchen

Die Kuchenspezialität wird traditionell mit einer alten regionalen Apfelsorte aus dem Alten Land im Süden Hamburgs zubereitet: dem Finkenwerder Herbstprinz. Probieren Sie ihn mit Ihrer Lieblings-Apfelsorte aus!

Finkenwerder Apfelkuchen

Für den Teig
300 g Mehl | 100 g Zucker
1 Ei | 200 g kalte Butter
Mehl zum Verarbeiten | Fett für die Form
Für den Belag
4–5 Äpfel (ca. 800 g) | 2–3 EL Zitronensaft
1½ Päckchen Vanillepuddingpulver zum Kochen
100 g Zucker | 750 g Sahne
1 Vanilleschote

Für 1 Springform von 26 cm Ø (12 Stück)
50 Min. Zubereitung | 30 Min. Kühlen
60 Min. Backen
Pro Stück ca. 530 kcal, 5 g EW, 35 g F, 48 g KH

1 Für den Teig das Mehl auf die Arbeitsfläche sieben. In die Mitte eine Mulde drücken, Zucker und das Ei hineingeben. Butter in Flöckchen auf dem Rand verteilen. Alles vom Rand aus rasch zu einem geschmeidigen Teig verkneten. In Folie gewickelt 30 Min. kalt stellen.

2 Für den Belag Äpfel schälen, halbieren, Kerngehäuse entfernen. Äpfel mit Zitronensaft beträufeln. Die Form einfetten. Ofen auf 175° vorheizen. Puddingpulver mit Zucker und 200 g Sahne glatt rühren. Vanilleschote längs halbieren, das Mark herauskratzen. Mark und Schote in die restliche Sahne geben, aufkochen, angerührtes Puddingpulver einrühren. Pudding einmal aufkochen lassen und von der Kochstelle nehmen, Vanilleschote entfernen.

3 Teig auf der bemehlten Arbeitsfläche auf ca. 30 cm Ø ausrollen. Die Form damit auskleiden und einen 4 cm hohen Rand bilden. Apfelhälften dicht an dicht, Schnittfläche nach unten, darauf legen. Puddingmasse darüber geben. Den Kuchen im Ofen (Mitte, Umluft 160°) ca. 60 Min. backen. Herausnehmen und auskühlen lassen.

FETTÄRMERE VARIANTE
Ersetzen Sie bei der Puddingmasse 250 g Sahne durch Milch.

1

2

3

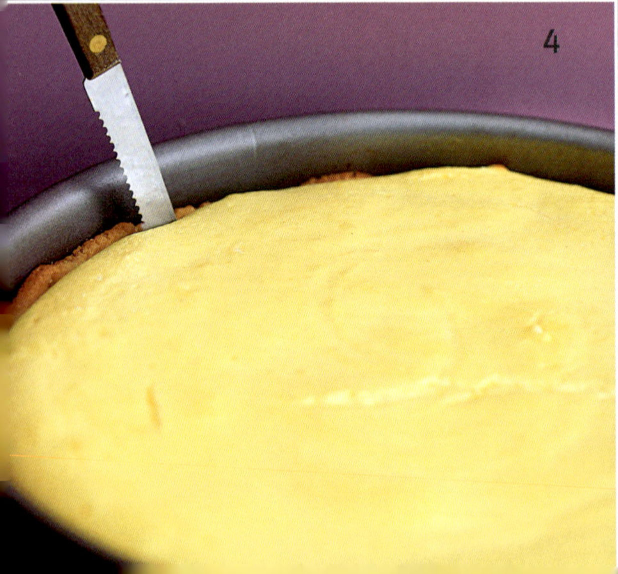
4

5

Klassiker | gut vorzubereiten

Käsekuchen

Darauf haben wir gewartet: Endlich der perfekte Käsekuchen: Fluffig, duftig und unwiderstehlich cremig. Aber Vorsicht ist geboten: Absolute Suchtgefahr!

Für den Teig
250 g Mehl
75 g Zucker
1 Prise Salz | 1 Ei
125 g kalte Butter
Mehl zum Verarbeiten
Fett für die Form
getrocknete Hülsenfrüchte zum Blindbacken
Für den Belag
1 Bio-Zitrone | 5 Eier
800 g Magerquark
100 ml Milch
150 g Sahne | 125 g Zucker
1 Päckchen Vanillepuddingpulver zum Kochen
50 g Speisestärke

Für 1 Springform von 26 cm ∅ (12 Stück)
45 Min. Zubereitung | 30 Min. Kühlen
1 Std. 25 Min. Backen
Pro Stück ca. 365 kcal, 15 g EW, 16 g F, 41 g KH

1 Für den Teig das Mehl auf die Arbeitsfläche sieben. In die Mitte eine Mulde drücken, Zucker und Salz darauf streuen und das Ei hineingeben. Butter in Flöckchen auf dem Rand verteilen (Bild 1). Alle Teigzutaten vom Rand aus rasch zu einem geschmeidigen Teig verkneten. Den Teig in Folie gewickelt 30 Min. kalt stellen.

2 Für den Belag Zitrone heiß waschen, abtrocknen, die Schale abreiben, Saft auspressen. Eier trennen. Quark, Milch, Sahne, 50 g Zucker, Eigelbe, Zitronensaft und -schale verrühren. Vanillepuddingpulver und Stärke gründlich unterrühren. Eiweiße mit dem übrigen Zucker dick-cremig schlagen und behutsam unter die Quarkcreme heben (Bild 2).

3 Backofen auf 200° vorheizen. Den Teig auf der bemehlten Arbeitsfläche auf ca. 30 cm ∅ ausrollen. Die Form einfetten und mit dem Teig auskleiden, dabei einen hohen Rand bilden. Den Teigboden mit einer Gabel mehrmals einstechen, mit Backpapier belegen und mit Hülsenfrüchten beschweren (Bild 3). Teig im Ofen (unten, Umluft 180°) 15–20 Min. vorbacken. Herausnehmen und das Papier mitsamt den Hülsenfrüchten entfernen.

4 Käsemasse auf den Teigboden geben und verstreichen. Weitere 20 Min. backen, bis die Käsemasse aufgegangen ist. Dann die Backofentemperatur auf 175° (Umluft 160°) zurückschalten.

5 Mit einem spitzen Messer rundum zwischen Teigrand und Füllung einschneiden, so kann der Kuchen gleichmäßig aufgehen (Bild 4). Den Kuchen ca. 40 Min. weiterbacken, dabei, sobald die Oberfläche goldgelb ist, mit Backpapier abdecken, damit er nicht zu dunkel wird. Herausnehmen und abkühlen lassen.

GUT ZU WISSEN

Bestreichen Sie den fertigen Kuchen mit etwas flüssiger Butter, das gibt ihm einen appetitlichen Glanz.

Spezialität aus Schwaben

Träubleskuchen

Für den Teig
250 g Mehl | 75 g Zucker | 1 Prise Salz
1 Ei | 125 g kalte Butter
Mehl zum Verarbeiten | Fett für die Form
getrocknete Hülsenfrüchte zum Blindbacken
Für den Belag
500 g rote Johannisbeeren (frisch oder TK)
6 Eiweiße | 200 g Zucker
1 EL Speisestärke

Für 1 Obstkuchen- oder Springform von 28 cm Ø (12 Stück) | 55 Min. Zubereitung
30 Min. Kühlen | 1 Std. 10 Min. Backen
Pro Stück ca. 270 kcal, 5 g EW, 10 g F, 41 g KH

1 Aus den Zutaten für den Teig wie rechts beim Rhabarberkuchen beschrieben einen Mürbeteig zubereiten, kühlen und vorbacken.

2 Inzwischen für den Belag frische Johannisbeeren abbrausen, trockentupfen, von den Stielen streifen. Eiweiße zu sehr steifem Schnee schlagen, Zucker dazugeben und weitere 5 Min. schlagen. Speisestärke unterrühren. 3 EL Eischnee abnehmen und beiseite stellen. Beeren behutsam unter den Rest Eischnee heben.

3 Blech mit dem Teigboden aus dem Ofen nehmen, Papier mitsamt Hülsenfrüchten entfernen. Johannisbeer-Eischnee auf den Kuchenboden streichen. Beiseite gestellten Eischnee darauf verteilen und verstreichen.

4 Den Kuchen ca. 50 Min. backen, dabei zwischendurch mit Backpapier abdecken. Das Baiser sollte nur gelblich bis ganz leicht gebräunt sein.

fruchtig

Rhabarberkuchen

Für den Teig
250 g Mehl | 75 g Zucker | 1 Prise Salz
1 Ei | 125 g kalte Butter
Mehl zum Verarbeiten | Fett für die Form
getrocknete Hülsenfrüchte zum Blindbacken
Für den Belag
600 g Rhabarber | 3 Eier | 125 g Zucker
1 Päckchen Vanillezucker | 250 g Sahne
2 EL gemahlene Haselnusskerne

Für 1 Springform von 26 cm Ø (12 Stück)
50 Min. Zubereitung | 30 Min. Kühlen
55 Min. Backen
Pro Stück ca. 320 kcal, 5 g EW, 18 g F, 34 g KH

1 Das Mehl auf die Arbeitsfläche sieben. In eine Mulde in die Mitte Zucker, Salz und Ei geben. Die Butter in Flöckchen auf dem Rand verteilen. Alles vom Rand aus rasch zu einem geschmeidigen Teig kneten. In Folie gewickelt 30 Min. kalt stellen. Den Backofen auf 175° vorheizen.

2 Teig bemehlter Arbeitsfläche auf ca. 30 cm Ø ausrollen. Form einfetten, mit dem Teig auskleiden, einen 3 cm hohen Rand formen. Teigboden mit einer Gabel mehrmals einstechen, mit Backpapier belegen, mit Hülsenfrüchten beschweren. Im Ofen (unten, Umluft 160°) 20 Min. vorbacken.

3 Inzwischen Rhabarber waschen, putzen, Haut abziehen. Stangen in 5 cm lange Stücke schneiden. Eier, Zucker, Vanillezucker und Sahne verquirlen.

4 Gemahlene Nüsse auf dem Teigboden verteilen, dann die Rhabarberstücke. Eier-Sahne-Guss darüber gießen. Kuchen in 30–35 Min. goldgelb backen.

links: Träubleskuchen | rechts: Rhabarberkuchen

erfrischend einfach – einfach erfrischend

Zitronentarte

Für den Teig: 200 g Mehl | 50 g Zucker | Salz | 1 Eigelb | 120 g kalte Butter | Fett für die Form | Mehl zum Verarbeiten | getrocknete Hülsenfrüchte
Für die Füllung: 2 Bio-Zitronen | 4 Eier | 200 g Zucker | Mark von 1 Vanilleschote | 125 g Sahne
Für die Garnitur: 1 Bio-Zitrone | 4 EL Zucker

Für 1 Springform von 26 cm Ø (12 Stück)
60 Min. Zubereitung | 30 Min. Kühlen
55 Min. Backen
Pro Stück ca. 305 kcal, 5 g EW, 14 g F, 39 g KH

1 Für den Teig Mehl auf die Arbeitsfläche sieben. In die Mitte eine Mulde drücken, Zucker und 1 Prise Salz darauf streuen, das Eigelb hineingeben. Butter in Flöckchen auf dem Rand verteilen. Teigzutaten vom Rand aus rasch zu einem geschmeidigen Teig verkneten. In Folie gewickelt 30 Min. kalt stellen.

2 Ofen auf 200° vorheizen. Teig auf der bemehlten Arbeitsfläche auf Formgröße ausrollen. Form einfetten, mit dem Teig auslegen und einen kleinen Rand bilden. Teig mit einer Gabel mehrmals einstechen, mit Backpapier belegen, mit Hülsenfrüchten beschweren, 20 Min. vorbacken (unten, Umluft 180°).

3 Inzwischen für die Füllung die Zitronen heiß waschen, abtrocknen, die Schale fein abreiben und den Saft auspressen. Eier und Zucker schaumig schlagen. Vanillemark, Zitronensaft und -schale und die Sahne unterrühren.

4 Vom Teig Papier und Hülsenfrüchte entfernen. Die Ofentemperatur auf 150° (Umluft 140°) zurückschalten. Die Zitronencreme auf den Teigboden gießen, die Tarte im Ofen (unten) weitere 30–35 Min. backen, falls sie zu schnell dunkel wird, mit Backpapier abdecken. Aus dem Ofen nehmen.

5 Für die Garnitur die Zitrone heiß waschen, abtrocknen, in dünne Scheiben schneiden. 6 EL Wasser mit dem Zucker aufkochen, Zitronenscheiben darin 5 Min. kochen, herausnehmen, Sud sirupartig einkochen lassen. Die Tarte vorsichtig mit Sirup bestreichen, die Zitronenscheiben darauf verteilen.

italienischer Klassiker

Pinienkerntarte

Für den Teig: 200 g Mehl | 50 g Zucker | Salz | 1 Eigelb | 120 g kalte Butter | Mehl zum Verarbeiten | Fett für die Form | getrocknete Hülsenfrüchte
Für die Füllung: 100 g weiche Butter | 100 g Puderzucker | 100 g gemahlene abgezogene Mandeln | 2 Eier | 2 EL Rum (nach Belieben) | 50 g Pinienkerne

Für 1 Springform von 26 cm Ø (12 Stück)
50 Min. inklusive Kühlen | 55 Min. Backen
Pro Stück ca. 345 kcal, 5 g EW, 24 g F, 27 g KH

1 Einen Mürbeteig wie auf S. 26 beschrieben zubereiten und vorbacken. Für die Füllung Butter, Puderzucker und Mandeln glatt rühren. Eier nacheinander (und evtl. Rum) gründlich unterrühren.

2 Form aus dem Ofen nehmen. Die Temperatur auf 175° (Umluft 160°) zurückschalten. Die Füllung auf den Teigboden geben und mit den Pinienkernen bestreuen. Die Tarte im Ofen (unten) in 30–35 Min. goldgelb backen.

für Süßschnäbel

Schokoladen-Nuss-Tarte

Für den Teig: 200 g Mehl | 50 g Zucker | Salz | 1 Eigelb | 120 g kalte Butter | Mehl zum Verarbeiten | Fett für die Form | getrocknete Hülsenfrüchte
Für die Füllung: 125 g Bitterschokolade | 100 g weiche Butter | 100 g brauner Zucker | 4 Eier, getrennt | 100 g gemahlene Mandeln | 10 Tropfen Bittermandelöl | 1 Prise Salz | 75 g Walnusskerne

Für 1 Springform von 26 cm Ø (12 Stück)
50 Min. inklusive Kühlen | 45 Min. Backen
Pro Stück ca. 420 kcal, 8 g EW, 29 g F, 33 g KH

1 Teig wie auf S. 26 zubereiten, vorbacken. Schokolade hacken, im Wasserbad schmelzen, beiseite stellen. Butter schaumig schlagen, mit dem Zucker 5 Min. rühren. Eigelbe nacheinander unterrühren. Mandeln, Mandelöl und Schokolade untermischen. Eiweiße mit Salz steif schlagen, unterheben.

2 Form aus dem Ofen nehmen. Die Füllung auf dem Teigboden verstreichen. Walnüsse darauf verteilen. Kuchen im Ofen (Mitte) ca. 25 Min. backen.

erfrischend kühles Fruchterlebnis

Erdbeer-Quark-Torte

Diese prächtige Torte ist ein erster Vorbote des Sommers!

Für den Teig
250 g Mehl
75 g Zucker | 1 Prise Salz
1 Ei | 150 g kalte Butter
Mehl zum Verarbeiten
Fett für die Form
getrocknete Hülsenfrüchte zum Blindbacken

Für die Füllung
750 g Erdbeeren | 1 Bio-Zitrone
750 g Quark (20 % Fett i. Tr.)
100 g Puderzucker
9 Blatt Gelatine | 250 g Sahne
2 EL rotes Johannisbeergelee

Für 1 Springform von 26 cm (12 Stück)
1 Std. 30 Min. Zubereitung | 30 Min. Backen
4 Std. Kühlen
Pro Stück ca. 390 kcal, 12 g EW, 21 g F, 38 g KH

1 Für den Teig das Mehl auf die Arbeitsfläche sieben. In die Mitte eine Mulde drücken, Zucker und Salz darauf streuen, das Ei hineingeben. Butter in Flöckchen auf dem Rand verteilen. Alle Teigzutaten vom Rand aus rasch zu einem geschmeidigen Teig verkneten. In Folie gewickelt 30 Min. kalt stellen.

2 Backofen auf 200° vorheizen. Den Teig auf der bemehlten Arbeitsfläche auf ca. 30 cm ∅ ausrollen. Die Form einfetten, mit dem Teig auskleiden, dabei einen 4 cm hohen Rand bilden. Teigboden mit einer Gabel mehrmals einstechen, mit Backpapier belegen und mit Hülsenfrüchten beschweren. Im Ofen (unten, Umluft 180°) ca. 30 Min. backen, bis der Boden richtig durchgebacken ist.

3 In der Zwischenzeit für die Füllung Erdbeeren abspülen, trockentupfen und die Kelchblätter entfernen. 250 g Erdbeeren in Scheiben schneiden, die übrigen halbieren. Zitrone heiß waschen, abtrocknen, dünn schälen und den Saft auspressen. Quark und Puderzucker glatt rühren. Gelatine in kaltem Wasser einweichen.

4 Form mit dem Tortenboden aus dem Ofen nehmen. Das Papier mitsamt den Hülsenfrüchten entfernen, den Tortenboden auskühlen lassen. Inzwischen 3 EL Zitronensaft in einem kleinen Topf erwärmen, die ausgedrückte Gelatine darin auflösen. Etwas Quarkcreme unterrühren, die Mischung unter die übrige Creme rühren. Die Sahne steif schlagen und, sobald die Quarkcreme zu gelieren beginnt, unterheben.

6 Teigboden mit den halbierten Erdbeeren belegen, Creme darauf geben und glatt verstreichen. Die Torte mindestens 4 Std. kalt stellen. Dann die Erdbeerscheiben dachziegelartig auflegen. Gelee mit 2 EL Wasser erwärmen, glatt rühren und auf die Erdbeeren streichen. Zitronenschale in dünne Streifen schneiden und darüber streuen.

GUT ZU WISSEN

Bei Erdbeeren ist Importware häufig hoch mit Schadstoffen belastet. Greifen Sie daher möglichst zu ungespritzten heimischen Beeren.

gut vorzubereiten

Milchreiskuchen

Für den Teig
250 g Mehl | ½ TL Backpulver
60 g Zucker | 1 Ei | 125 g kalte Butter
Mehl zum Verarbeiten | Fett für die Form
getrocknete Hülsenfrüchte zum Blindbacken
Für die Füllung
1 Vanilleschote | 200 ml Milch
200 g Sahne | 125 g Milchreis
60 g weiche Butter | 60 g Zucker | 3 Eier, getrennt
75 g Trockenaprikosen, gehackt | 50 g Rosinen

Für 1 Springform von 26 cm Ø (12 Stück)
2 Std. inklusive Kühlen | 50 Min. Backen
Pro Stück ca. 380 kcal, 7 g EW, 21 g F, 41 g KH

1 EinenMürbeteig zubereiten und kühlen wie auf S. 29 beschrieben – allerdings ohne Salz. Inzwischen die Vanilleschote längs aufschlitzen. Mark und Schote mit Milch und Sahne aufkochen. Den Reis darin 15 Min. bei kleiner Hitze unter gelegentlichem Rühren köcheln lassen. Die Vanilleschote entfernen, Reis abkühlen lassen.

2 Ofen auf 200° vorheizen, die Form fetten. Teig auf bemehlter Arbeitsfläche etwas größer als die Form ausrollen, einlegen, einen 3 cm hohen Rand bilden. Teigboden mehrmals einstechen, mit Backpapier belegen, mit Hülsenfrüchten beschweren. Im Ofen (unten, Umluft 180°) 20 Min. backen, herausnehmen. Papier und Hülsenfrüchte entfernen.

3 Butter und Zucker schaumig rühren, die Eigelbe nach und nach unterrühren. Aprikosen und Rosinen zugeben, alles unter den Reis mengen. Eiweiße steif schlagen, unterheben. Die Masse auf den Teigboden streichen. Im Ofen (unten) 30 Min. backen.

bleibt aluverpackt lange frisch

Engadiner Nusstorte

Für den Teig
375 g Mehl
125 g Zucker | 1 Ei | 200 g kalte Butter
1 TL abgeriebene Schale einer Bio-Zitrone
Mehl zum Verarbeiten | Fett für die Form
Für den Belag
300 g Walnusskerne
250 g Zucker | 40 g Honig | 200 g Sahne
1 Eigelb und 1 EL Milch zum Bestreichen

Für 1 Springform von 26 cm Ø (12 Stück)
60 Min. Zubereitung | 30 Min. Kühlen
35 Min. Backen
Pro Stück ca. 600 kcal, 8 g EW, 36 g F, 60 g KH

1 Mehl auf die Arbeitsfläche sieben. Weiterarbeiten und einen Mürbeteig (ohne Salz) zubereiten und kühlen wie auf S. 29 beschrieben. Inzwischen für die Füllung die Walnüsse grob hacken. Zucker und Honig in einem Topf auf kleiner Stufe erhitzen, bis die Mischung goldgelb karamellisiert ist. Sahne einrühren (Vorsicht, spritzt!), einmal aufkochen, die Nüsse unterrühren, etwas abkühlen lassen.

2 Ofen auf 200° vorheizen, Form mit Backpapier belegen. Zwei Drittel des Teiges auf der bemehlten Arbeitsfläche etwas größer als die Form ausrollen, in die Form legen, einen 3 cm hohen Rand bilden.

3 Füllung auf dem Teigboden verstreichen. Übrigen Teig in Formgröße ausrollen, auf die Füllung legen, dabei die Teigränder zusammendrücken. Oberfläche mit einer Gabel mehrmals einstechen. Eigelb und Milch verrühren, den Teig damit bestreichen. Torte im Ofen (Mitte, Umluft 180°) 35 Min. backen, aus der Form lösen und abkühlen lassen.

oben: Engadiner Nusstorte | unten: Milchreiskuchen

1

2

3

Spezialität aus Frankreich

Tarte tatin (französische Apfeltarte)

Der Klassiker aus Frankreich schmeckt hervorragend als warmer Dessertkuchen.

Für den Teig
200 g Mehl | 50 g Zucker
100 g kalte Butter
1 Prise Salz
Mehl zum Verarbeiten
Für den Belag
1,25–1,5 kg Äpfel (z. B. Cox orange)
2–3 EL Zitronensaft
150 g Zucker
75 g kalte Butter

Für 1 Tarteform von 28 cm Ø (12 Stück)
50 Min. Zubereitung | 30 Min. Kühlen
40 Min. Backen
Pro Stück ca. 280 kcal, 2 g EW, 13 g F, 40 g KH

1 Für den Teig Mehl, Zucker, Butter in Flöckchen und Salz mit den Fingern zu Streuseln verarbeiten. 2–3 EL eiskaltes Wasser zugeben (siehe Tipp) und die Krümel rasch zu einem glatten Teig verkneten (Bild 1). In Folie gewickelt 30 Min. kalt stellen.

2 Für den Belag die Äpfel schälen, vierteln und das Kerngehäuse entfernen. Apfelviertel mit Zitronensaft beträufeln. Den Zucker bei kleiner Hitze in einem Topf schmelzen und hell bräunen lassen, den Karamell in die Form gießen (aufpassen, er ist sehr heiß!) und diese schwenken, bis der Boden gleichmäßig überzogen ist.

4 Apfelviertel aufrecht und dicht an dicht nebeneinander in den Karamell setzen (Bild 2). Butter in Flöckchen über die Äpfel geben.

5 Backofen auf 200° vorheizen. Den relativ mürben Teig auf der bemehlten Arbeitsfläche behutsam in Größe der Form ausrollen, auf die Äpfel legen. Im Ofen (Mitte, Umluft 180°) ca. 40 Min. backen, bis der Teig hellbraun und knusprig ist. Form aus dem Ofen nehmen, eine Tortenplatte auf auflegen und die Tarte darauf stürzen (Vorsicht, dabei läuft eventuell etwas heißer Saft heraus!)

GUT ZU WISSEN
So bekommen Sie im Nu **eiskaltes Wasser:** 2 Eiswürfel in wenig Wasser geben, kurz stehen lassen, dann die benötigte Menge abmessen.

VARIANTE MIT ZWETSCHGEN
Nehmen Sie statt der Äpfel ca. 750 g entsteinte Zwetschgenhälften, die Sie mit 1 TL Zimtpulver bestreuen.

BLITZSCHNELLE VARIANTE
Mit fertig gekauftem Mürbeteig aus dem Kühlregal können Sie einen neuen Rekord im Schnell-Lecker-Backen aufstellen: Zubereitungs- und Kühlzeit für den Teig entfallen, und der Kuchen ist in 30 Min. vorbereitet.

UND DAZU: ROIBUSCH-ZIMT-SABAYON
2 Eigelbe, 1½ TL Zucker, 2 Prisen Zimtpulver und 100 ml Roibuschtee in eine Edelstahl-Rührschüssel mit rundem Boden geben. Die Schüssel auf ein heißes Wasserbad setzen. Mit einem Schneebesen so lange kräftig rühren, bis ein dicker Schaum entstanden ist. Zur Tarte servieren.

Kuchen aus Hefeteig

Sommer, Sonnenschein und leuchtend rote Kirschen. Diese Wähe ist dann der absolute Kuchenstar: vereint aufs Herrlichste die Aromen von buttrigem Hefeteig, saftigen Kirschen, cremigem Marzipan. Und mit abgetropften Kirschen aus dem Glas können Sie sich den Sommer auch zu jeder anderen Jahreszeit auf den Kuchenteller holen.

Kirsch-Marzipan-Wähe

Für den Teig
250 g Mehl | ½ Würfel Hefe (20 g)
100 ml lauwarme Milch | 4 TL Zucker
1 Ei | 1 EL weiche Butter
Mehl zum Verarbeiten | Fett für die Form
Für den Belag
200 g Marzipanrohmasse
2 Eier | 200 g Schmand
1 TL abgeriebene Schale einer Bio-Zitrone
2 EL Mandellikör (nach Belieben)
400 g Sauerkirschen | 2 EL Mandelstifte

Für 1 Obstkuchen- oder Springform von 30 cm Ø
(12 Stück) | 35 Min. Zubereitung
60 Min. Ruhen | 30 Min. Backen
Pro Stück ca. 430 kcal, 10 g EW, 13 g F, 64 g KH

1 Mehl in eine Schüssel geben, eine Mulde hineindrücken. Hefe hineinbröckeln, mit etwas Milch, 1 TL Zucker und wenig Mehl vom Rand verrühren. Abgedeckt an einem warmen Ort 15 Min. gehen lassen.

2 Dann übrige Milch, übrigen Zucker, Ei und Butter zugeben. Erst mit den Knethaken des Handrührers, dann mit den Händen zu einem glatten Teig verkneten. Kräftig kneten, bis er Blasen wirft und sich vom Schüsselrand löst. 30–40 Min. an einem warmen Ort bis zur doppelten Größe gehen lassen.

3 Für die Füllung Marzipan in Stücken, Eier, Schmand und Zitronenschale mit einem Mixstab pürieren. Nach Belieben den Likör unterrühren.

4 Form einfetten. Teig einmal kräftig durchkneten, auf der bemehlten Arbeitsfläche in Formgröße ausrollen und hineinlegen, einen kleinen Rand bilden. 10 Min. gehen lassen. Ofen auf 200° vorheizen.

5 Kirschen waschen, trockentupfen und entsteinen, auf dem Teig verteilen, den Marzipanmix darüber gießen, Mandelstifte aufstreuen. Den Kuchen im Ofen (unten, Umluft 180°) ca. 30 Min. backen.

1
2
3
4
5

Klassiker | für Festtage

Mohnroulade

In Pommern und Ostdeutschland hat dieser Kuchen Tradition – und auch Sie sollten ihn unbedingt einmal in der Adventszeit genießen!

Für den Teig
500 g Mehl | 1 Würfel Hefe (42 g)
250 ml lauwarme Milch
75 g Zucker | 2 Eigelbe
125 g weiche Butter | 1 Prise Salz
Mehl zum Verarbeiten
1 EL Milch zum Bestreichen

Für die Füllung
50 g Rosinen
2 EL Rum (nach Belieben)
250 g Sahne | 100 g Honig
2 EL Weizengrieß
250 g gemahlener Mohn | 1 Ei
1 TL abgeriebene Schale einer Bio-Zitrone

Für 1 Kastenform von 30 cm Länge (18 Stück)
50 Min. Zubereitung | 1 Std. 20 Min. Ruhen | 60 Min. Backen
Pro Stück ca. 325 kcal, 8 g EW, 18 g F, 33 g KH

1 Für den Teig das Mehl in eine Schüssel geben, in die Mitte eine Mulde drücken. Die Hefe hineinbröckeln, mit etwas Milch, 1 TL Zucker und etwas Mehl vom Rand verrühren. Den Vorteig abgedeckt an einem warmen Ort 15 Min. gehen lassen.

2 Übrige Milch, restlichen Zucker, Eigelbe, Butter in Flöckchen und Salz zum gegangenen Vorteig geben. Zunächst mit den Knethaken des Handrührers, dann mit den Händen zu einem glatten Teig verkneten. Kräftig kneten, bis der Teig Blasen wirft und sich vom Schüsselrand löst.

3 Den Teig ca. 45 Min. an einem warmen Ort bis zur doppelten Größe gehen lassen. Inzwischen für die Füllung die Rosinen nach Belieben in Rum einweichen. Sahne und Honig in einem kleinen Topf aufkochen, Grieß und Mohn zugeben, unter Rühren zu einem dicken Brei kochen. Abkühlen lassen, dann Ei, Zitronenschale und Rosinen unterrühren.

4 Die Form mit Backpapier auslegen. Teig einmal kräftig durchkneten, auf der bemehlten Arbeitsfläche einem Rechteck (30 x 40 cm) ausrollen. Mohnfüllung darauf streichen und den Teig von einer kurzen Seite her aufrollen (Bild 1). Einmal der Länge nach durchschneiden (Bild 2), die beiden Stränge umeinander schlingen und in die Form legen (Bild 3 + 4).

5 Weitere 20 Min. gehen lassen. Backofen auf 200° vorheizen. Teigoberseite mit Milch bestreichen. Im Ofen (unten, Umluft 180°) ca. 60 Min. backen, dabei zwischendurch abdecken, damit die Oberfläche nicht zu dunkel wird.

FRISCHHALTE-TIPP

Die Roulade hält sich in Alufolie gewickelt und kühl aufbewahrt ca. 2 Wochen saftig und frisch.

HIER-BLEIBT-NICHTS-ÜBRIG-TIPP

Wenn Sie den Mohn bereits gemahlen kaufen, bekommen Sie ihn eventuell nur im 200-g-Beutel. Sparen Sie sich dann, eine zweite Tüte anzubrechen, und bereiten Sie die Füllung einfach mit dieser Menge an Mohn zu. Die übrigen Mengen aber unverändert lassen.

Klassiker | frisch am besten

Zwetschgendatschi

Für den Teig
375 g Mehl | ½ Würfel Hefe (20 g)
125 ml Milch | 75 g Zucker
1 Ei | 60 g Butter | 1 Prise Salz
Mehl zum Verarbeiten
Fett für das Backblech
Für den Belag
2 kg Zwetschgen (am besten eine späte Sorte)
100 g Butter | 100 g Zucker
100 g Mehl | 100 g gemahlene Mandeln
1 TL Zimtpulver | 1 Prise Salz

Für 1 Backblech (16 Stück)
60 Min. Zubereitung | 1 Std. 20 Min. Ruhen
30 Min. Backen
Pro Stück ca. 320 kcal, 6 g EW, 13 g F, 44 g KH

1 Aus den Zutaten für den Teig nach dem Grundrezept (S. 5) einen Hefeteig zubereiten und bis zur doppelten Größe gehen lassen.

2 Inzwischen für den Belag Zwetschgen waschen und abtropfen lassen. Die Früchte oben und unten kreuzförmig einschneiden, an der Naht entlang einschneiden (aber nicht durchschneiden) und entsteinen. Butter, Zucker, Mehl, gemahlene Mandeln, Zimt und Salz in eine Schüssel geben und zwischen den Händen zu Streuseln verreiben.

3 Das Blech einfetten. Hefeteig auf der bemehlten Arbeitsfläche auf Blechgröße ausrollen und darauf legen. Zwetschgen dachziegelartig auflegen. Die Streusel darauf verteilen. Den Teig 20 Min. gehen lassen. Ofen auf 200° vorheizen. Den Kuchen darin (unten, Umluft 180°) ca. 30 Min. backen.

Spezialität aus Österreich

Kärntner Buchteln

Für den Teig
500 g Mehl | 1 Würfel Hefe (42 g)
250 ml Milch | 50 g Zucker
1 Päckchen Vanillezucker | 1 Ei | 75 g Butter
1 TL abgeriebene Schale einer Bio-Zitrone
Mehl zum Verarbeiten | Fett für die Form
Außerdem
150 g Pflaumenmus | 50 g Butter
Puderzucker zum Bestäuben

Für 1 Springform von 26 cm Ø (16 Stück)
45 Min. Zubereitung | 1 Std. 20 Min. Ruhen
25 Min. Backen
Pro Stück ca. 220 kcal, 5 g EW, 8 g F, 33 g KH

1 Aus den Zutaten für den Teig nach dem Grundrezept (S. 5) einen Hefeteig zubereiten und bis zur doppelten Größe gehen lassen.

2 Gegangenen Teig auf der bemehlten Arbeitsfläche zu einem 1 cm dicken Quadrat ausrollen und in 16 Quadrate schneiden. Jeweils 1 gehäuften TL Pflaumenmus darauf geben, die Teigecken hochziehen und zusammendrücken. Die Form einfetten, Buchteln nebeneinander mit der Naht nach unten hineinsetzen. Weitere 30 Min. gehen lassen.

3 Den Ofen auf 200° vorheizen. Butter zerlassen und über die Buchteln gießen. Im Ofen (unten, Umluft 180°) in ca. 25 Min. goldgelb backen. Herausnehmen, mit Puderzucker bestäuben.

FÜLLUNGS-VARIANTEN

Kein Pflaumenmus im Haus? Füllen Sie die Buchteln mit Ihrer Lieblingskonfitüre, mit Zwetschgen- bzw. Aprikosenhälften oder mit Mohnbackfüllung.

links: Kärntner Buchteln | rechts: Zwetschgendatschi

Klassiker aus Norddeutschland

Butterkuchen

Für den Teig: 500 g Mehl | 1 Würfel Hefe (42 g) | 250 ml lauwarme Milch | 50 g Zucker | 50 g weiche Butter | 1 TL abgeriebene Schale einer Bio-Zitrone | 1 gute Prise Salz | Mehl zum Verarbeiten | Fett für das Backblech

Für den Belag: 250 g kalte Butter | 200 g Mandelblättchen | 150 g Zucker | 1 TL Zimtpulver

Für 1 Backblech (20 Stück)
45 Min. Zubereitung | 1 Std. 15 Min. Ruhen | 25 Min. Backen
Pro Stück ca. 305 kcal, 5 g EW, 18 g F, 30 g KH

1 Für den Teig das Mehl in eine Schüssel geben, in die Mitte eine Mulde drücken. Die Hefe hineinbröckeln, mit etwas Milch, 1 TL Zucker und etwas Mehl vom Rand verrühren. Den Vorteig abgedeckt an einem warmen Ort 15 Min. gehen lassen.

2 Übrige Milch, restlichen Zucker, Butter in Flöckchen, Zitronenschale und Salz zum gegangenen Vorteig geben. Zunächst mit den Knethaken des Handrührers, dann mit den Händen zu einem glatten Teig verkneten. Den Teig kräftig kneten, bis er Blasen wirft und sich vom Schüsselrand löst. Teig ca. 45 Min. an einem warmen Ort bis zur doppelten Größe gehen lassen.

3 Gegangenen Teig kräftig durchkneten. Das Backblech einfetten. Teig auf der bemehlten Arbeitsfläche auf Blechgröße ausrollen und darauf legen, einen kleinen Rand hochziehen. Weitere 10 Min. gehen lassen. Backofen auf 200° vorheizen.

4 Für den Belag die Butter in kleine Stücke schneiden. Mit zwei Fingern Dellen in die Teigoberfläche drücken und in jede Delle ein Butterstückchen geben. Mandelblättchen gleichmäßig auf dem Teig verteilen. Zucker und Zimt mischen und darüber streuen. Kuchen im Ofen (Mitte, Umluft 180°) 20–25 Min. backen.

GUT ZU WISSEN

Teig vor dem Ausrollen 5 Min. ruhen lassen, dann zieht er sich auf dem Backblech nicht wieder zusammen.

knisper-knusprig

Knusperkuchen

Teigzutaten wie im nebenstehenden Rezept Butterkuchen
Für den Belag: 150 g Butter | 200 g Zucker | 4 EL Milch | 100 g Sonnenblumenkerne | 100 g Kürbiskerne

Für 1 Backblech (20 Stück)
45 Min. Zubereitung | 1 Std. 15 Min. Ruhen
25 Min. Backen
Pro Stück ca. 275 kcal, 6 g EW, 14 g F, 32 g KH

1 Hefeteig wie links beim Butterkuchen beschrieben zubereiten, gehen lassen. Nach ca. 45 Min. Ruhezeit für den Belag die Butter schmelzen. Von der Kochstelle nehmen, mit Zucker, Milch, Sonnenblumen- und Kürbiskernen verrühren.

2 Gegangenen Teig kräftig durchkneten, auf Blechgröße ausrollen, auf das gefettete Backblech legen und 10 Min. gehen lassen. Backofen auf 200° vorheizen. Die etwas abgekühlte Knuspermischung auf dem Teigboden verstreichen. Kuchen im Ofen (Mitte, Umluft 180°) 20–25 Min. backen.

bestes Körnerfutter

Müslikuchen

Teigzutaten wie im nebenstehenden Rezept Butterkuchen
Für den Belag: 175 g Butter | 175 g Zucker | 4 EL Milch | 300 g trockene Müslimischung

Für 1 Backblech (20 Stück)
45 Min. Zubereitung | 1 Std. 15 Min. Ruhen
25 Min. Backen
Pro Stück ca. 280 kcal, 5 g EW, 11 g F, 39 g KH

1 Hefeteig wie links beim Butterkuchen beschrieben zubereiten, gehen lassen. Nach ca. 45 Min. Ruhezeit für den Belag Butter, Zucker und Milch aufkochen, Müsli unterrühren. Die Mischung von der Kochstelle nehmen, abkühlen lassen.

2 Inzwischen den gegangenen Teig auf Blechgröße ausrollen und auf das gefettete Backblech legen. Den Teig nochmals 10 Min. gehen lassen.

3 Inzwischen den Ofen auf 200° vorheizen. Müslimischung auf dem Teigboden verstreichen. Kuchen im Ofen (Mitte, Umluft 180°) 20–25 Min. backen.

sommerlich | fettarm

Aprikosenwähe

In diesem Kuchen tauchen Aprikosen gleich zwei Mal auf: in Form frischer Früchte und als Konfitüre – denn doppelt drin ist doppelt lecker.

Für den Teig
250 g Mehl
½ Würfel Hefe (20 g)
125 ml lauwarme Milch
50 g Zucker
30 g weiche Butter
1 TL abgeriebene Schale einer Bio-Zitrone
1 Prise Salz
Mehl zum Verarbeiten
Fett für die Form

Für den Belag
750 g reife Aprikosen
½ Vanilleschote
3 Eier
300 g Naturjoghurt
75 g Zucker
150 g Aprikosenkonfitüre

Für 1 Spring- oder Tarteform von 28 cm Ø
(12 Stück) | 45 Min. Zubereitung
60 Min. Ruhen | 35 Min. Backen
Pro Stück ca. 230 kcal, 6 g EW, 5 g F, 40 g KH

1 Für den Teig das Mehl in eine Schüssel geben, in die Mitte eine Mulde drücken. Die Hefe hineinbröckeln, mit etwas Milch, 1 TL Zucker und etwas Mehl vom Rand verrühren. Den Vorteig abgedeckt an einem warmen Ort 15 Min. gehen lassen.

2 Übrige Milch, restlichen Zucker, Butter, Zitronenschale und Salz zum gegangenen Vorteig geben. Zunächst mit den Knethaken des Handrührers, dann mit den Händen zu einem glatten Teig verkneten. Den Teig kräftig kneten, bis er Blasen wirft und sich vom Schüsselrand löst. Teig ca. 45 Min. an einem warmen Ort bis zur doppelten Größe gehen lassen.

3 Inzwischen für den Belag Aprikosen häuten (siehe Tipp). Früchte halbieren und entsteinen. Vanilleschote längs halbieren und das Mark herauskratzen. Vanillemark mit Eiern, Joghurt und Zucker verrühren.

4 Backofen auf 200° vorheizen. Den gegangenen Teig kräftig durchkneten. Die Form einfetten. Teig auf der bemehlten Arbeitsfläche auf Größe der Form ausrollen und hineinlegen, dabei einen kleinen Rand hochziehen. Den Teigboden mit Hilfe eines Esslöffels mit der Hälfte der Aprikosenkonfitüre bestreichen.

5 Aprikosen auf Teigboden verteilen, Guss darüber geben. Den Kuchen im Ofen (unten, Umluft 180°) 30–35 Min. backen. Herausnehmen, etwas abkühlen lassen, dann mit restlicher Aprikosenkonfitüre bestreichen.

KÜCHENTECHNIK-TIPP

Um Aprikosen zu häuten, übergießen Sie die reifen Früchte mit kochendem Wasser und lassen Sie sie kurz darin ziehen. Dann das Wasser abgießen, die Aprikosen kalt abschrecken. Nun lässt sich die Haut ganz einfach mit einem Messer abziehen.

Klassiker | preiswert

Gugelhupf

100 g Rosinen | 2 EL Rum (nach Belieben)
500 g Mehl | 1 Würfel Hefe (42 g)
125 ml Milch | 125 g Zucker
4 Eier | 200 g Butter | Salz
1 TL abgeriebene Schale einer Bio-Zitrone
100 g gehackte Mandeln
16 ganze abgezogene Mandeln
Mehl zum Verarbeiten | Fett für die Form
Puderzucker zum Bestäuben

Für 1 Gugelhupfform von 2 l Inhalt (12 Stück)
40 Min. Zubereitung (ohne Auskühlen)
1 Std. 30 Min. Ruhen | 45 Min. Backen
Pro Stück ca. 435 kcal, 10 g EW, 22 g F, 48 g KH

1 Rosinen nach Belieben mit Rum marinieren. Aus Mehl, Hefe, Milch, Zucker, Eiern, Butter, 1 guten Prise Salz und Zitronenschale nach dem Grundrezept (S. 5) einen relativ weichen Hefeteig zubereiten. Rosinen und gehackte Mandeln unterkneten. Teig 30 Min. an einem warmen Ort gehen lassen.

2 Die Form einfetten und die ganzen Mandeln auf dem gerippten Boden verteilen. Teig kurz durchkneten, in die Form geben und ca. 45 Min. gehen lassen, bis er den Rand der Form erreicht hat. Ofen auf 200° vorheizen.

3 Kuchen im Ofen (Mitte, Umluft 180°) ca. 45 Min. backen. In der Form 20 Min. abkühlen lassen, stürzen, auskühlen lassen. Mit Puderzucker bestäuben.

VARIANTE MIT INGWER

Rosinen und Mandeln durch 150 g gehackte Walnüsse und 2 TL frisch geriebenen Ingwer ersetzen.

Spezialität aus Frankreich

Savarin mit Beeren

Für den Teig
350 g Mehl | ½ Würfel Hefe (20 g)
125 ml Milch | 40 g Zucker
4 Eier | 150 g Butter | 1 Prise Salz
Mehl zum Verarbeiten | Fett für die Form
Außerdem
125 g Zucker | 75 ml Rum
125 g Aprikosenkonfitüre | 600 g frische Beeren

Für 1 Ring- oder Kranzform von 2 l Inhalt
(12 Stück) | 45 Min. Zubereitung
1 Std. 15 Min. Ruhen | 20 Min. Backen
Pro Stück ca. 340 kcal, 6 g EW, 13 g F, 45 g KH

1 Aus den Zutaten für den Teig nach Grundrezept (S. 5) einen Hefeteig zubereiten, in 25–30 Min. bis zur doppelten Größe gehen lassen.

2 Die Form fetten. Gegangenen Teig einfüllen, weitere 30 Min. an einem warmen Ort gehen lassen. Backofen auf 200° vorheizen. Den Kuchen im Ofen (unten, Umluft 180°) ca. 20 Min. backen. Inzwischen den Zucker mit 200 ml Wasser aufkochen, abkühlen lassen, Rum unterrühren.

3 Fertig gebackenen Kuchen in der Form kurz abkühlen lassen, dann auf eine tiefe Platte stürzen. Mit der Rum-Zucker-Lösung begießen und diese einziehen lassen. Konfitüre erwärmen, glatt rühren und auf den Kuchen streichen. Beeren abspülen, trockentupfen und den Savarin damit füllen.

VARIANTE

Tränken Sie den Kuchen antialkoholisch mit ca. 250 ml weißem Traubensaft. Reichen Sie Beerenkompott oder Zitrusfruchtsalat dazu.

oben: Gugelhupf | unten: Savarin mit Beeren

mediterran

Panettone

Was für uns der Stollen ist, ist den Italienern der Panettone: ein gehaltvoller Weihnachtskuchen, der aber beileibe nicht nur zur Weihnachtszeit schmeckt.

700 g Mehl
1 Würfel Hefe (42 g)
250 ml Milch
150 g Zucker
200 g Butter
1 Ei | 3 Eigelbe
1 TL abgeriebene Schale einer Bio-Zitrone
1 TL Salz
150 g Bitterschokolade (70 % Kakaomasse)
150 g Rosinen
100 g Orangeat
50 g gehackte Mandeln
Mehl zum Verarbeiten
4 TL weiche Butter
Puderzucker zum Bestäuben

Für 1 hohen Kochtopf von 20 cm Ø (16 Stück)
35 Min. Zubereitung | 1 Std. 45 Min. Ruhen
1 Std. 30 Min. Backen
Pro Stück ca. 420 kcal, 8 g EW, 18 g F, 59 g KH

1 Für den Teig aus Mehl, Hefe, Milch, Zucker, Butter, Ei, Eigelben, Zitronenschale und Salz nach dem Grundrezept (S. 5) einen Hefeteig zubereiten. 45 Min. bis zur doppelten Größe gehen lassen.

2 Schokolade klein schneiden. Mit Rosinen, Orangeat und Mandeln gründlich unter den Teig kneten.

3 Den Kochtopf mit Backpapier auslegen. Teig einfüllen. Weitere 45 Min. an einem warmen Ort gehen lassen. Backofen auf 175° vorheizen.

4 Teigoberfläche über Kreuz einschneiden und die Butter in die Einschnitte streichen. Kuchen im Ofen (unten, Umluft 160°) ca. 1 Std. 30 Min. backen, dabei zwischendurch mit Backpapier abdecken, damit er nicht zu stark bräunt. Den Panettone im Topf abkühlen lassen. Aus der Form nehmen und mit Puderzucker bestäuben.

VARIANTE – PANETTINI

Für die Miniausgaben des Panettone brauchen Sie 16 hitzefeste Tassen (z. B. Cappuccinotassen) oder Souffléförmchen, die Sie gründlich einfetten und dann den Teig darauf verteilen. Die Backzeit beträgt dann nur 15–20 Min.

TIPP – SO GEHT HEFETEIG GARANTIERT AUF

Ein Hefeteig braucht Zeit und Wärme zum Aufgehen. Sollte es einmal an dem einen oder anderen gefehlt haben, stellen Sie die Schüssel mit dem Teig in den auf 50° vorgeheizten Backofen, und schalten Sie den Backofen gleich wieder aus (sonst wird es den Hefezellen zu warm!). Bereits nach einigen Minuten sollte der Teig schön hoch aufgegangen sein.

Kuchen aus Blitzteigen

Mit diesem Rezept werden auch Überraschungsgäste Sie nicht mehr in Küchenhektik bringen: Die Zutaten entstammen dem Vorrat und der Teig ist im Nu zusammengerührt. Und weil er nicht nur fix gemacht ist, sondern auch noch super schmeckt, serviere ich Ihn gerne als Dessert.

Italienische Apfeltarte (Tarta di mele)

½ Vanilleschote
100 g Butter
2 Eier
300 g Zucker
100 g Mehl
100 ml Milch
1 TL abgeriebene Schale einer Bio-Zitrone
750 g Äpfel
2 EL Zitronensaft
Fett und Mehl für die Form

Für 1 Tarteform von 28 cm Ø (12 Stück)
25 Min. Zubereitung | 45 Min. Backen
Pro Stück ca. 240 kcal, 2 g EW, 9 g F, 40 g KH

1 Backofen auf 175° vorheizen. Die Form einfetten und mit Mehl ausstreuen. Vanilleschote längs halbieren und das Mark herauskratzen. Butter schmelzen.

2 Eier, Zucker, Mehl, Milch, Zitronenschale, Vanillemark und flüssige Butter zu einem glatten Teig verrühren.

3 Äpfel schälen, vierteln, Kerngehäuse entfernen und die Apfelviertel in dünne Scheibchen schneiden oder hobeln. Mit Zitronensaft beträufeln. Unter den Teig mischen. Teig in die Form füllen. Im Ofen (Mitte, Umluft 160°) in 45 Min. goldbraun backen.

SERVIERTIPP
Die Tarte schmeckt am besten noch lauwarm, auch als Dessert nach einem leichten Essen.

sommerlich | frisch am besten

Kirschstrudel

Mit fertigen Teigblättern ist dieser sommerliche Strudel im Handumdrehen zubereitet.

700 g Kirschen
100 g Zucker
75 g Haselnusskerne
1 TL Zimtpulver
1 Prise gemahlene Nelke
75 g Butter
2 runde Yufka-Teigblätter (ca. 320 g, siehe Tipp)
4 EL Biskuit- oder Semmelbrösel
Puderzucker zum Bestreuen

Für 1 Backblech (12 Stück)
30 Min. Zubereitung | 35 Min. Backen
Pro Stück ca. 245 kcal, 5 g EW, 10 g F, 34 g KH

1 Kirschen waschen, entsteinen und abtropfen lassen. Kirschen in eine Schüssel geben, mit Zucker bestreuen und Saft ziehen lassen. Die Haselnüsse grob hacken, mit Zimt- und Nelkengewürz unter die Kirschen mischen.

2 Backofen auf 200° vorheizen. Butter schmelzen. 1 Yufka-Teigblatt mit der Hälfte der Butter bestreichen, das zweite Teigblatt darauf legen. Biskuit- oder Semmelbrösel darauf streuen. Die Kirschfüllung als Strang auf eine Hälfte des Teiges geben. Den Strudel von der belegten Seite her aufrollen. Die Teigränder an den Enden zusammendrücken oder unterschlagen.

3 Ein Backblech mit Backpapier belegen und den Strudel mit der Naht nach unten darauf legen. Teig an den beiden Enden gut zusammendrücken.

4 Teigoberseite mit der restlichen flüssigen Butter bestreichen. Strudel im Ofen (Mitte, Umluft 180°) in ca. 35 Min. goldgelb backen. Herausnehmen und mit Puderzucker bestreuen.

GUT ZU WISSEN

Yufka-Teig ist ein leicht salziger Strudelteig, den Sie im türkischen Lebensmittelladen erhalten. Es gibt ihn in verschiedenen Größen und Formen, u. a. auch oval, die sich genauso für die Herstellung dieses Strudels eignen. Halten Sie sich beim Kauf am besten in etwa an die hier angegebene Gewichtsangabe für den Teig.

VARIANTE – APRIKOSENSTRUDEL

Für die Füllung 500 g reife Aprikosen häuten, entsteinen und in Spalten schneiden. 500 g Schichtkäse (20 % Fett i. Tr.), 50 g flüssige Butter, 1 Ei, 100 g Zucker, 1 Päckchen Vanillezucker sowie Saft und Schale ½ Zitrone verrühren. Käsefüllung auf das Teigblatt geben, Aprikosen darauf legen, aufrollen. Backen wie oben beschrieben.

VORRATS-TIPP

Der schnelle Strudel gelingt auch wunderbar mit Süß- oder Sauerkirschen aus dem Glas – die sie vorher allerdings sehr gut abtropfen lassen sollen.

UND DAZU?

Optisch und geschmacklich eine prima Ergänzung: Vanillesauce! Servieren Sie doch einmal Ministücke des Kirschstrudels mit Vanillesauce umgossen als Dessert.

Spezialität aus New York

American Cheesecake

200 g Butterkekse | 100 g Butter | 200 g Zucker | 3 EL Speisestärke | 800 g Frischkäse (Doppelrahmstufe) | 1 Ei | 125 g Sahne | 1 TL abgeriebene Schale einer Bio-Zitrone | 2 EL Zitronensaft

Für 1 Springform von 26 cm Ø (12 Stück)
25 Min. Zubereitung | 55 Min. Backen
Pro Stück ca. 440 kcal, 5 g EW, 31 g F, 34 g KH

1 Ofen auf 200° vorheizen. Butterkekse in einem Gefrierbeutel mit dem Nudelholz fein zerkrümeln. Butter zerlassen, mit den Krümeln mischen. Form mit Backpapier auslegen, die Krümelmasse hineingeben, andrücken und einen kleinen Rand bilden. Im Ofen (unten, Umluft 180°) 8–10 Min. vorbacken.

2 Zucker, Stärke und Frischkäse cremig rühren. Ei, Sahne, Zitronenschale und -saft zugeben und glatt rühren. Frischkäsemasse auf den vorgebackenen Boden streichen. Weitere 45 Min. backen, dabei zwischendurch mit Backpapier abdecken. In der Form mehrere Stunden auskühlen lassen.

schnell | gelingt leicht

Mandelkuchen

200 g Mandelmakronen (Amarettini) | 120 g Butter | 3 Eier | 125 g Zucker | 125 g gemahlene Mandeln | 10–15 Tropfen Bittermandelöl | 2 EL Mandelblättchen | Puderzucker zum Bestäuben

Für 1 Springform von 26 cm Ø (12 Stück)
25 Min. Zubereitung | 30 Min. Backen
Pro Stück ca. 270 kcal, 5 g EW, 20 g F, 20 g KH

1 Mandelmakronen in einem Gefrierbeutel mit dem Nudelholz fein zerkrümeln. Butter zerlassen, mit den Kekskrümeln mischen. Die Form mit Backpapier auslegen, Krümelmasse hineingeben, andrücken und einen kleinen Rand bilden. Backofen auf 200° vorheizen.

2 Eier und Zucker ca. 5 Min. schaumig schlagen, gemahlene Mandeln und Bittermandelöl unterrühren. Auf den Keksboden geben, Mandelblättchen darauf streuen. Kuchen im Ofen (Mitte, Umluft 180°) ca. 30 Min. backen. Abkühlen lassen und mit Puderzucker bestäuben.

ohne Backen | frisch am besten

Crème-fraîche-Kuchen

100 g Butter | 200 g Honig | 150 g feine Haferflocken | 3 EL Zitronensaft | 300 g Beeren nach Wahl | 8 Blatt Gelatine | 750 g Crème fraîche | 100 g Puderzucker

Für 1 Springform von 26 cm Ø (12 Stück)
35 Min. Zubereitung | 4 Std. Kühlen
Pro Stück ca. 395 kcal, 7 g EW, 30 g F, 28 g KH

1 Die Form mit Backpapier auslegen. Butter, Honig und Haferflocken in einer Pfanne erhitzen, bis die Masse karamellisiert. Mit einem Esslöffel auf den Boden der Form streichen.

2 Beeren abspülen und trockentupfen. Gelatine einige Minuten in kaltem Wasser einweichen. Zitronensaft erwärmen, Gelatine ausdrücken und darin auflösen. Crème fraîche und Puderzucker verrühren, Gelatine gut unterrühren. Zwei Drittel der Beeren auf dem Haferflockenboden verteilen, Creme darauf gießen, restliche Beeren darauf geben. Im Kühlschrank in mindestens 4 Std. fest werden lassen.

fruchtig frisch

Orangen-Knusper-Kuchen

200 g weiße Kuvertüre | 100 g Butter | 150 g Cornflakes | 6 Blatt Gelatine | 2 Orangen | 250 g Mascarpone | 250 g Vanillejoghurt | 50 g Zucker | 2 EL Orangenlikör (nach Belieben) | 250 g Sahne

Für 1 Springform von 26 cm Ø (12 Stück)
50 Min. Zubereitung | 3 Std. 30 Min. Kühlen
Pro Stück ca. 390 kcal, 7 g EW, 30 g F, 27 g KH

1 Form mit Backpapier auslegen. Die Kuvertüre klein hacken, mit der Butter im heißen Wasserbad schmelzen. Cornflakes unterrühren. Die Masse auf dem Formboden glatt drücken, 30 Min. kalt stellen.

2 Gelatine einweichen. Orangen großzügig schälen. Die Segmente filetieren, den Saft auffangen, erwärmen, ausgedrückte Gelatine darin auflösen. Mascarpone, Joghurt, Zucker und evtl. Likör verrühren, Gelatine gut unterrühren. Sahne steif schlagen, unterheben. Masse auf dem Cornflakesboden glatt streichen, im Kühlschrank in mindestens 3 Std. fest werden lassen. Mit Orangenfilets belegen.

sommerlich

Kirsch-Schmand-Kuchen

Dieser saftige Kuchen mit seinem geschmeidigen Quark-Öl-Teig-Boden lässt sich prima zu einem sommerlichen Picknick mitnehmen.

Für den Teig
300 g Mehl
3 TL Backpulver
150 g Magerquark
75 g Zucker
1 Prise Salz
6 EL Milch
6 EL Öl
Fett für das Blech

Für den Belag
750 g Sauerkirschen
2 Eier
125 g Zucker
1 Päckchen Vanillezucker
800 g Schmand
2 EL Zitronensaft
1 TL abgeriebene Schale einer Bio-Zitrone
4 EL Mandelstifte zum Bestreuen

Für 1 Backblech (16 Stück)
45 Min. Zubereitung | 30 Min. Backen
Pro Stück ca. 325 kcal, 6 g EW, 19 g F, 33 g KH

1 Das Blech einfetten. Für den Teig Mehl und Backpulver in eine Schüssel mischen. Quark, Zucker, Salz, Milch und Öl zugeben und alles mit den Knethaken des Handrührers verkneten. Teig auf dem Blech ausrollen.

2 Für den Belag die Kirschen waschen, abtropfen lassen und entsteinen. Den Backofen auf 200° vorheizen.

3 Eier, Zucker und Vanillezucker schaumig rühren, dann Schmand, Zitronensaft und -schale unterrühren. Schmandcreme auf dem Teig verstreichen, Kirschen darauf verteilen. Mit den Mandelstiften bestreuen. Den Kuchen im Ofen (Mitte, Umluft 180°) ca. 30 Min. backen. Vor dem Servieren abkühlen lassen.

GUT ZU WISSEN

Klebt Ihr Quark-Öl-Teig beim Ausrollen stark am Rollholz, haben Sie einen relativ feuchten Quark verwendet: Der im Handel erhältliche Quark ist je nach Hersteller tatsächlich unterschiedlich feucht . Geben Sie ihn daher am besten vor dem Verarbeiten zum Abtropfen auf ein Sieb. So kann – falls vorhanden – die überschüssige Molke abtropfen.

VOLLWERT-VARIANTE

Verwenden Sie fein gemahlenes Weizen- oder Dinkelvollkornmehl für den Teig, ersetzen Sie den Zucker durch braunen Rohrzucker, und geben Sie statt Vanillezucker 1–2 Prisen gemahlene Bourbon-Vanillle (aus dem Bioladen oder Reformhaus) in die Schmandcreme.

frisch am besten | ohne Ei

Knusprige Birnentarte

Marzipan und Pinienkerne machen den Blechkuchen zum besonderen Genuss.

½ Packung TK-Blätterteig (225 g)
150 g Marzipanrohmasse | 100 g Sahne
2 EL Mandellikör (nach Belieben)
2 reife Birnen (400 g) | 2 EL Zitronensaft
2 EL Pinienkerne
2 EL Apfel- oder Quittengelee zum Bestreichen
Mehl zum Ausrollen

Für 1 Backblech (9 Stück)
35 Min. Zubereitung | 35 Min. Backen
Pro Stück ca. 265 kcal, 4 g EW, 16 g F, 25 g KH

1 Backofen auf 200° vorheizen. Blätterteigplatten nebeneinander auftauen lassen. Inzwischen Marzipan in Stücken, Sahne und nach Belieben den Likör in einen Rührbecher geben und alles pürieren. Die Birnen schälen, mit einem Ausstecher das Kerngehäuse entfernen und die Birnen quer in Scheiben schneiden. Mit Zitronensaft beträufeln.

2 Backofen auf 200° vorheizen. Blätterteigplatten aufeinander legen und auf der bemehlten Arbeitsfläche zu einem Quadrat (ca. 26 x 26 cm) ausrollen. Das Blech mit Backpapier auslegen. Blätterteigboden darauf legen. Marzipancreme darauf streichen, dabei einen Rand von knapp 1 cm frei lassen, Birnenscheiben auf der Marzipancreme verteilen. Mit Pinienkernen bestreuen.

3 Die Birnentarte im Ofen (unten, Umluft 180°) 30–35 Min. backen. Herausnehmen und mit dem leicht erwämten Gelee bestreichen.

fruchtig

Pflaumen-Mohn-Wähe

Saftigstes Innenleben, kross-blättriger Rand – ach wäre es doch schon Herbst!

1 Packung TK-Blätterteig (450 g)
600 g Pflaumen
500 g Crème fraîche
4 Eier
100 g Zucker
5 EL gemahlener Mohn
Mehl zum Ausrollen

Für 1 Tarteform von 35 cm Ø (12 Stück)
30 Min. Zubereitung | 40 Min. Backen
Pro Stück ca. 410 kcal, 6 g EW, 31 g F, 27 g KH

1 Backofen auf 200° vorheizen. Inzwischen die Blätterteigplatten nebeneinander auftauen lassen. Pflaumen waschen, abtropfen lassen, halbieren und entsteinen. Crème fraîche, Eier, Zucker und Mohn verrühren.

2 Blätterteigplatten aufeinander legen und auf der bemehlten Arbeitsfläche rundlich und in Formgröße ausrollen. Teig in die Form legen und mit einer Gabel mehrmals einstechen. Pflaumenhälften darauf verteilen, den Guss darüber geben. Kuchen im Ofen (unten, Umluft 180°) 35–40 Min. backen.

SPEED-TIPP

Noch schneller und einfacher geht's mit Blätterteig aus dem Kühlregal.

links: Knusprige Birnentarte | rechts: Pflaumen-Mohn-Wähe

Klassiker

Apfelstrudel

Fruchtig-saftige Füllung zwischen blättrigem Strudelteig. Den Sie auch als Fertigteig kaufen können – das reduziert die Zubereitung auf eine knappe halbe Stunde.

Für den Teig
230 g Mehl
30 ml Sonnenblumenöl
½ TL Salz
Mehl zum Verarbeiten
75 g Butter zum Bestreichen
Puderzucker zum Bestäuben
Für die Füllung
50 g Rosinen
100 g Löffelbiskuits
1 Bio-Zitrone
100 g Haselnusskerne
1 kg säuerliche Äpfel
100 g Zucker
2 Päckchen Vanillezucker
1 TL Zimtpulver

Für 1 Backblech (18 Stück)
60 Min. Zubereitung | 60 Min. Ruhen
30 Min. Backen
Pro Stück ca. 200 kcal, 3 g EW, 9 g F, 29 g KH

1 Für den Strudelteig das Mehl in eine Schüssel geben, 110 ml lauwarmes Wasser, Öl und Salz dazugeben. Zuerst mit den Knethaken des Handrührers, dann mit den Händen zu einem glatten weichen Teig verkneten. In Klarsichtfolie gewickelt bei Zimmertemperatur 1 Std. ruhen lassen.

2 In der Zwischenzeit für die Füllung die Rosinen heiß abspülen, abtropfen lassen. Biskuits fein zerbröseln. Zitrone heiß waschen, abtrocknen, die Schale abreiben und den Saft auspressen. Haselnüsse hacken. Die Äpfel schälen, vierteln, Kerngehäuse entfernen und die Apfelviertel in dünne Scheibchen schneiden. Äpfel, Rosinen, Biskuitbrösel, Zitronensaft und -schale, Zucker, Vanillezucker und Zimt in einer Schüssel mischen.

3 Ein großes Küchentuch auf der Arbeitsfläche ausbreiten und leicht mit Mehl bestäuben. Den Teig darauf geben, ausrollen. Dann über die Handrücken legen und behutsam zu einem großen Rechteck ausziehen. Wieder auf das Tuch legen.

4 Butter zerlassen, die Hälfte auf den Teig streichen. Backofen auf 200° vorheizen. Ein Backblech mit Backpapier belegen.

5 Füllung mit etwas Abstand zum Rand auf eine Längsseite des Teigs geben. Teig von der Seite mit der Füllung beginnend aufrollen, mit Hilfe des Küchentuchs auf das Blech legen und mit restlicher Butter bestreichen. Im Ofen (unten, Umluft 180°) in 25–30 Min. goldgelb backen. Abkühlen lassen, dann mit Puderzucker bestäuben.

VARIANTE – BIRNENSTRUDEL

Zutaten für eine saftige Birnenfüllung: 50 g Rosinen, 100 g Löffelbiskuits, 1 Bio-Zitrone, 100 g Mandeln, 1 kg Birnen, 100 g brauner Zucker, 2 TL frisch geriebener Ingwer. Den Kuchen zubereiten wie im Rezept beschrieben.

Damit Sie Rezepte mit bestimmten Zutaten noch schneller finden können, stehen in diesem Register zusätzlich auch beliebte Zutaten wie **Mandeln** und **Kirschen** – ebenfalls alphabetisch geordnet und **hervorgehoben** – über den entsprechenden Rezepten.

A
Amarettini: Mandelkuchen 52
American Cheesecake 52
Äpfel
- Apfelstrudel 58
- Finkenwerder Apfelkuchen 21
- Italienische Apfeltarte 49
- Tarte tatin 33

Aprikosen, frische
- Aprikosen häuten (Tipp) 42
- Aprikosenwähe 42

Aprikosen, getrocknete
- Milchreiskuchen 30
- Winterliches Früchtebrot 17

B
Backformen (Backformen-Einmaleins) 6
Backtipps – vor dem Backen, während des Backens (Back-Grundwissen) 5
Beeren
- Crème-fraîche-Kuchen 53
- Rote-Grütze-Quark-Kuchen 9
- Savarin mit Beeren 45

Birnen
- Birnenstrudel (Variante) 58
- Knusprige Birnentarte 57

Bitterschokolade
- Mandeltorte aus Capri 14
- Panettone 46
- Schokoladen-Nuss-Tarte 27
- Schokolade-Satt-Kuchen 14

Butterkekse: American Cheesecake 52
Butterkuchen 40

C
Cornflakes: Orangen-Knusper-Kuchen 53
Crème-fraîche
- Crème-fraîche-Kuchen 53
- Pflaumen-Mohn-Wähe 57

D/E
Datteln, getrocknete: Winterliches Früchtebrot 17
Dinkelmehl (Back-Grundwissen) 4
Eiweiße: Träubleskuchen 25
Engadiner Nusstorte 30
Erdbeeren (Gut zu wissen) 29
Erdbeer-Quark-Torte 29

F
Feigen, getrocknete: Winterliches Früchtebrot 17
Finkenwerder Apfelkuchen 21
Formen vorbereiten (Back-Grundwissen) 5
Frischkäse: American Cheesecake 52
Früchte als Kuchenbelag (Tipp) 18
Früchte, frische: Streuselkuchen 18
Früchte, getrocknete: Winterliches Früchtebrot 17

G/H
Grundvorrat (Back-Grundwissen) 4
Gugelhupf 45
Gugelhupf mit Ingwer (Variante) 45
Haferflocken: Crème-fraîche-Kuchen 53
Haselnusskerne
- Apfelstrudel 58
- Kirschstrudel 51

Haselnusskerne (Back-Grundwissen) 4
Hefeteig (Back-Grundwissen) 5
Hefeteig (Grundrezept) 7
Hefeteig schnell gehen lassen (Tipp) 46
Heidelbeeren: Schokoladen-Heidelbeer-Kuchen 17
Himbeer-Schichttorte 12
Himbeer-Schichttorte mit Sahnefüllung (Variante) 12
Honig: Mohnroulade 37

I/J
Italienische Apfeltarte (Tarta di mele) 49
Joghurt
- Aprikosenwähe 42
- Orangen-Knusper-Kuchen 53

Johannisbeeren: Träubleskuchen 25

K/L
Kakao: Marmorkuchen 11
Kärntner Buchteln 38
Käsekuchen 23
Kirschen
- Kirsch-Marzipan-Wähe 35
- Kirsch-Schmand-Kuchen 54
- Kirsch-Schmand-Kuchen, vollwertig (Variante) 54
- Kirschstrudel 51

Knusperkuchen 41
Knusprige Birnentarte 57
Konservenobst als Kuchenbelag (Tipp) 18
Kürbiskerne: Knusperkuchen 41
Kuvertüre
- Orangen-Knusper-Kuchen 53
- Schokoladen-Heidelbeer-Kuchen 17

Löffelbiskuits: Apfelstrudel 58

M
Maisgrieß: Polenta-Orangen-Kuchen 15
Mandelblättchen: Butterkuchen 40
Mandelmakronen (Amarettini): Mandelkuchen 52
Mandeln
- Gugelhupf 45
- Mandelkuchen 52

Mandeltorte aus Capri 14
Panettone 46
Pinienkerntarte 27
Schokoladen-Heidelbeer-Kuchen 17
Schokoladen-Nuss-Tarte27
Winterliches Früchtebrot 17
Zwetschgendatschi 38
Mandeln (Back-Grundwissen) 4
Marmorkuchen 11
Marmorkuchen mit marmoriertem Guss (Variante) 11
Marzipan
Kirsch-Marzipan-Wähe 35
Knusprige Birnentarte 57
Mascarpone
Himbeer-Schichttorte 12
Orangen-Knusper-Kuchen 53
Mehl (Back-Grundwissen) 4
Milchreiskuchen 30
Mohn (Back-Grundwissen) 5
Mohn
Kärntner Buchteln mit Mohnfüllung (Variante) 38
Mohnroulade 37
Pflaumen-Mohn-Wähe 57
Mürbeteig (Back-Grundwissen) 5
Müslikuchen 41

N/O

Nüsse (Back-Grundwissen) 4
Obst als Kuchenbelag (Tipp) 19
Obst, frisches: Streuselkuchen 18
Orangeat
Panettone 46
Winterliches Früchtebrot 17
Orangeat in Obstbelägen (Tipp) 18
Orangen
Polenta-Orangen-Kuchen 15
Orangen-Knusper-Kuchen 53

P/Q

Panettini (Variante) 46
Panettone 46
Pflaumen-Mohn-Wähe 57
Pflaumenmus: Kärntner Buchteln 38
Pinienkerne
Knusprige Birnentarte 57
Pinienkerntarte 27
Pinienkerne (Back-Grundwissen) 5
Polenta-Orangen-Kuchen 15
Puderzuckerglasur (Glasuren und Deko) 64
Quark
Erdbeer-Quark-Torte 29
Käsekuchen 23
Kirsch-Schmand-Kuchen 54
Rote-Grütze-Quark-Kuchen 9
Quark für Quark-Öl-Teig (Gut zu wissen) 54

R

Rhabarberkuchen 25
Roibusch-Zimt-Sabayon (Und dazu) 33
Rosinen
Apfelstrudel 58
Gugelhupf 45
Milchreiskuchen 30
Mohnroulade 37
Panettone 46
Winterliches Früchtebrot 17
Rote-Grütze-Quark-Kuchen 9
Rührteig (Back-Grundwissen) 5

S

Sahne
Finkenwerder Apfelkuchen 21
Himbeer-Schichttorte 12
Sahne schlagen (Gut zu wissen) 12
Sauerkirschen
Kirsch-Marzipan-Wähe 35
Kirsch-Schmand-Kuchen 54
Savarin mit Beeren 45
Schmand: Kirsch-Schmand-Kuchen 54
Schokolade
Schokoladen-Heidelbeer-Kuchen 17
Schokoladen-Nuss-Tarte 27
Schokolade-Satt-Kuchen 14
Schokoladenglasur (Glasuren und Deko) 64
Sonnenblumenkerne: Knusperkuchen 41
Spritztüte basteln (Glasuren und Deko) 64
Streuselkuchen 18
Süßungsmittel (Back-Grundwissen) 5

T

Tarte tatin (französische Apfeltarte) 33
Teigarten (Back-Grundwissen) 5
TK-Blätterteig
Knusprige Birnentarte 57
Pflaumen-Mohn-Wähe 57
TK-Obst als Kuchenbelag (Tipp) 18
Träubleskuchen 25
Trockenhefe (Tipp) 7
Trockenobst als Kuchenbelag (Tipp) 18
Trockenobst: Winterliches Früchtebrot 17

V/W/Y

Vollkornmehl (Back-Grundwissen) 4
Walnusskerne (Back-Grundwissen) 4
Walnusskerne: Engadiner Nusstorte 30
Winterliches Früchtebrot 17
Yufka-Teigblätter: Kirschstrudel 51

Z

Zitronat in Obstbelägen (Tipp) 18
Zitrone
Zitronenkuchen 15
Zitronentarte 26
Zucker (Back-Grundwissen) 5
Zwetschgendatschi 38

DAS ORIGINAL MIT GARANTIE

Ihre Meinung ist uns wichtig. Deshalb möchten wir Ihre Kritik, aber auch Ihr Lob erfahren, um als führender Ratgeberverlag noch besser zu werden. Darum schreiben Sie uns! Wir freuen uns auf Ihre Post und wünschen Ihnen viel Spaß mit Ihrem GU-Ratgeber.

Unsere Garantie: Sollte ein GU-Ratgeber einmal einen Fehler enthalten, schicken Sie uns das Buch mit einem kleinen Hinweis und der Quittung innerhalb von sechs Monaten nach dem Kauf zurück. Wir tauschen Ihnen den GU-Ratgeber gegen einen anderen zum selben oder ähnlichen Thema um.

GRÄFE UND UNZER VERLAG

Redaktion Kochen & Verwöhnen

Postfach 86 03 13
81630 München
Fax: 0 89/4 19 81-113

oder schreiben Sie uns eine E-Mail an:
leserservice@graefe-und-unzer.de

Die Temperaturangaben bei Gasherden variieren von Hersteller zu Hersteller. Welche Stufe Ihres Herdes der jeweils angegebenen Temperatur entspricht, entnehmen Sie bitte der Gebrauchsanweisung. Bei Elektroherden können die Backzeiten je nach Herd variieren.

Programmleitung: Doris Birk
Leitende Redakteurin: Birgit Rademacker
Redaktion: Tanja Dusy
Lektorat: Claudia Lenz
Layout, Typografie und Umschlaggestaltung: independent Medien-Design, München
Satz: Liebl Satz+Grafik, Emmering
Herstellung: Martina Müller
Reproduktion: Repro Ludwig, Zell am See
Druck und Bindung: Appl, Wemding

ISBN (10) 3-8338-0312-6
ISBN (13) 978-3-8338-0312-3

Auflage	5.	4.	3.	2.	1.
Jahr	2010	09	08	07	06

GRÄFE UND UNZER
Ein Unternehmen der
GANSKE VERLAGSGRUPPE

Die Autorin

Anne-Katrin Weber lebt und arbeitet in Hamburg. Als Foodstylistin, Produzentin, Buch- und Rezeptautorin arbeitet sie für Zeitschriften, Buchverlage und Werbeagenturen. Ihre Vorliebe für französische Küche, Kuchen und Kultur führt die Mutter zweier Kinder häufig nach Frankreich, immer auf der Suche nach regionalen Spezialitäten, neuen Rezepten oder einfach nur nach dem besten Croissant.

Der Fotograf

Wolfgang Schardt kann seine Liebe für Essen und Trinken beruflich ausleben: In seinem Studio in Hamburg fotografiert er vor allem Food, Stills und Interieur für Magazine wie FEINSCHMECKER, für Verlage und Werbung. Die Kuchen in diesem Buch wurden von der Autorin selbst gebacken, von Maria Grossmann in Szene gesetzt und vom ganzen Team mit Begeisterung verspeist.

Titelbildrezept

Auf dem Titelbild sehen Sie den Kirsch-Schmand-Kuchen von S. 54.

GU-EXPERTEN-SERVICE

Haben Sie Fragen zu den Rezepten oder benötigen Sie weiteren Rat zum Thema? Dann schreiben Sie uns. Unsere Experten helfen Ihnen gerne weiter. Unsere Adresse finden Sie links.

Sieht einfach glänzend aus!

Puderzuckerglasur Verrühren Sie 200 g Puderzucker mit ca. 4 EL Wasser zum zähflüssigen Guss. Mehr Aroma gibt's, wenn Sie 2 EL Wasser durch Zitronensaft oder Alkoholisches wie Rum, Arrak, Likör ersetzen. Die Glasur mit Esslöffel oder Palette auf dem Kuchen verteilen – oder in eine Spritztüte füllen und den Kuchen schlierenartig verzieren.

Puderzuckerglasur

Schokoladenglasur Für eine perfekt glänzende Schokoglasur geben Sie 100 g zerkleinerte Kuvertüre – weiß oder dunkel, ganz nach Kuchen und Geschmack – in eine kleine Metallschüssel. Schüssel in ein warmes Wasserbad stellen und die Kuvertüre schmelzen lassen. Schüssel herausnehmen und 50 g klein gehackte Kuvertüre unter die flüssige Schokolade rühren. Nun ist die Temperatur richtig, um den Kuchen mit der Schokolade zu überziehen. Und wenn's mal schnell gehen soll, schmelzen Sie einfach eine handelsübliche Fettglasur.

Spritztüte

Spritztüte herstellen Verzierungen mit Glasuren, geschmolzener Schokolade oder dickflüssigen Saucen spritzen Sie am einfachsten mit einem selbstgezauberten Sprizbeutel: Die Glasur in einen kleinen Tiefkühlbeutel geben, dann unten eine kleine Ecke des Beutels abschneiden.

Schokoladenglasur